GUIARAMA COMPACT

Belfast

ANAYA
TOURING

Autor: **Galo Martín**

Responsable de proyecto: **David Lozano**
Edición y maquetación: **Susana Folgado**
Cartografía: **Miguel Bendito** y **ANAYA Touring**
Producción: **Juan José Rodriguez, Olga Hernando** y
Antonio Mellado
Diseño de la colecccción: **marivies**

Procedencia de las fotografías:
Belén de Benito, cubierta inf., cabecera mirada 6-7, 15, 18, 24 (a-b), 27, 32-33, 37, 39 (a), 43 (a-c), 44, 45, cabecera visita, 58-59, 59 (b-c), 60, 61, 62, 65 (a), 69 (b), 71 (a-b), 76 (a, c), 85, 88. **Dreamstime:** Adamico (c); Algirdas Gelazius 26; Andrea La Corte 20 dcha., Anna & Piotr 83; Atosan 38 (a); Attila Jandi (B); Attila Jandi 20 izda., 86-87; Attila Jandi 30; Attila Jandi 56, 59 (a), 66, Bai Xuejia 36; CHON KIT LEONG 95; David Fowler 21, Graphicjet 34; GRAPHICJET 92; jentakespictures 39, Krzysztof Nahlik 63; Makasanaphoto 22, Meunieur 73; MICHAEL HARPER 94; Paulmccabe1 78; Philippehalle 69 (a); SEBASTIAN SIKORA 84; Shawn Williams 65; Siempreverde22 31; VanderWolfImages 48; Zastavkin 57. **iStockphoto,** Alexey_Fedoren 49; Ballygally View Images 11, benedek cabecera donde; benkrut 14; benkrut 70 (a); Boogich 10;claudiodivizia 70(b); Denis Kabanov 64; duncan1890 16, heckepics 75; Joel Carillet 13; kilhan 80-81; Krzysztof Nahlik 68, mathess 93; Min Jing 70 (c); Mlenny 52-53; no_limit_pictures 46-47; Stephen Barnes 19; Steven Pease 82; wanderluster 102; zhuzhu cubierta sup., 28. **Shutterstock:** AdrianPopescu 35; Avillfoto 72 (a-b); Avillfoto 8; catwalker 23; Federico Zovadelli 76 (b); Kollawat Somsri 54; Kollawat Somsri 91; makasana photo 55; Maria Albi 12; meunierd 17; Nina Alizada 67; Yingna Cai 25.

1ª edición, 2024

© Grupo Anaya, S. A., 2024
   Valentín Beato, 21. 28037, Madrid
   www.guiasdeviajeanaya.es

Depósito legal: M-02.242-2024
ISBN: 978-84-9158-247-2
Impreso en España-Printed in Spain

PAPEL DE FIBRA
CERTIFICADO

La información contenida en esta guía ha sido cuidadosamente comprobada antes de su publicación. No obstante, dada la naturaleza variable de los datos, recomendamos su verificación antes de salir.

Contenido

Cómo usar esta guía

Esta **Guiarama** de **Belfast y alrededores** se divide en cinco secciones que abarcan los aspectos más importantes de la visita a esta ciudad.

Una mirada a Belfast, páginas 6-27

Presentación
Perfil de Belfast
Lo que no hay que perderse
Naturaleza y paisaje
Un poco de historia
Personajes famosos

Cuatro lugares inolvidables, páginas 28-45

La elección del autor de los cuatro lugares más atractivos de la ciudad y alrededores, todos con información práctica.

Visita a Belfast, páginas 46-85

Se divide Belfast y sus alrededores proporcionando una introducción y listado de los lugares más interesantes.
Información práctica
Breves notas "¿Sabías que...?"
Paseos a pie o en coche

Dónde ..., páginas 86-95

Información detallada sobre restaurantes, alojamiento, compras y ocio.

Información práctica, páginas 96-102

Toda la información necesaria para el viajero presentada de forma visual.

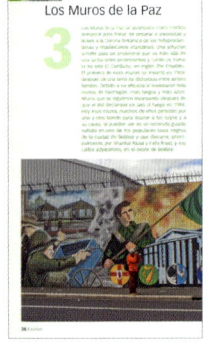

Los Muros de la Paz

Mapas y planos

Todas las referencias lo son a los mapas y planos que se incluyen al final de la guía. Por ejemplo, el Ayuntamiento va seguido de la referencia 🕐50 (C2) que indica la página en la que se encuentra el plano (50) y las coordenadas (C2) donde se halla el edificio.
La lista de mapas utilizados en esta guía se encuentra en el índice.

Precios

El precio aproximado de los establecimientos se indicará mediante los signos:

C caro, **M** moderado y **E** económico.

Clasificación por estrellas

La mayoría de los lugares descritos en el libro se han clasificado por su grado de interés como sigue:

***   Visita obligada
**   Muy interesante
*   Interesante

Símbolos utilizados

A lo largo de la guía se han utilizado símbolos sencillos y claros para indicar las siguientes categorías:

- referencia a los planos del final de la guía
- dirección o localización
- número de teléfono
- horario
- restaurante o café
- estación de metro más cercana
- rutas de autobús o tranvía
- estación de tren más cercana
- ferry más cercano
- aeropuerto
- información turística
- servicios para discapacitados
- precio de la entrada
- otros lugares de interés cercanos
- más información práctica
- web

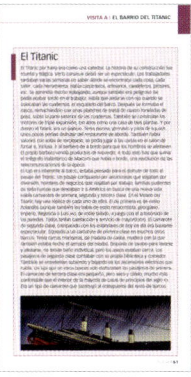

Una **mirada** a **Belfast**

Presentación

Belfast es una ciudad herida y emprendedora que no ha dejado de ser obrera. Fue una oportunidad laboral para hombres y mujeres procedentes de toda Irlanda y del Reino Unido gracias a la necesidad de mano de obra debido al crecimiento que experimentaron las industrias del lino, del tabaco, de la ingeniería y de la construcción naval a finales del siglo XIX. El barco más célebre y grande que construyeron en los inmensos astilleros que la naviera Harland & Wolff habilitó en la Isla de la Reina, en la desembocadura del río Lagan, fue el Titanic. Transatlántico que se hundió en su primera travesía la madrugada del 15 de abril de 1912 al chocar con un bloque de hielo mientras navegaba al sur de Newfoundland, en Canadá. Este trágico suceso marcó a Belfast, aunque en menor medida de lo que lo ha hecho el conflicto norirlandés entre los independentistas y nacionalistas irlandeses y los unionistas y leales a la Corona británica. Un conflicto que va más allá de una rivalidad entre católicos y protestantes y por el que han sufrido todas las personas, desde las más implicadas hasta las que lo hicieron menos. La historia de Irlanda del Norte, en general, y la de Belfast, en particular, es una historia que se repite; es una pelea por la que no merece la pena ninguna de sus víctimas: 3.500 vidas y familias, entre finales de los años sesenta y 1998.

En esta ciudad portuaria a sus habitantes les gusta beber cerveza y/o whisky solo un poco más que reírse y la música. Muchos autóctonos satíricos, esos mismos que prefieren emborracharse antes que fumar marihuana, dicen que en Belfast todo está a tiro de piedra. En la capital norirlandeses hay muchos locales en los que sobre sus escenarios tocan bandas de música y actúan humoristas que hacen comedia con todo, incluido el conflicto. La música y

▼ Uno de los muchos murales que nos ofrece la visita a Belfast.

▲ El buque SS Nomadic, perteneciente a la extinta White Star Line.

la comedia nunca han dejado de estar presente en la ciudad, incluso en los años más violentos estos locales permanecieron abiertos para que independentistas y nacionalistas irlandeses y unionistas y leales a la Corona británica se dieran una tregua y aparcaran fuera sus diferencias. La risa, el rock, el punk y la cerveza Guinness siempre han estado por encima del sectarismo y la violencia.

Belfast se parece a esos velatorios cinematográficos en los que uno llega triste, serio, afligido por el difunto y acaba hablando con los presentes y recordando episodios protagonizados por el muerto que a todos les saca una risa, una carcajada. Ese humor norirlandés, esa actitud ante la vida, se suma a un puñado de lugares de interés turístico que se concentran, en su mayoría, en la orilla occidental del río Lagan, salvo el barrio Titanic, en la Isla de la Reina, donde estaban los antiguos astilleros, y el lado este, cuna de celebridades locales como el escritor C. S. Lewis, el músico Van Morrison y futbolista George Best. En el lado oeste se suceden los barrios de la Catedral, del Lino y de la Reina, así como los Muros de la Paz levantados en el barrio protestante de Shankill y en el católico de Gaeltacht, atravesados ambos por Shankill Road y Falls Road, respectivamente. En esta zona, alejada del centro urbano, cada calle está marcada por la identidad de sus residentes; los probritánicos y los que prefieren la independencia o inclusión en la República de Irlanda. Belfast no es lo que se ve, sino lo que no se ve.

Perfil de Belfast

El puerto de Belfast se encuentra en la desembocadura del río Lagan, misma ubicación de la Isla de la Reina, donde estuvieron los astilleros en los que se construyó el Titanic. El mar y el comercio hacen parte del ADN de Belfast. Esta actividad marítimo comercial confluía en unos pasadizos urbanos denominados *entries*, donde se almacenaban y comercializaban los productos de elaboración local e importados. Fuera del ajetreo urbano, al oeste, se encuentran las colinas de Belfast, un buen lugar en el que coger aire y contemplar la ciudad desde la distancia.

▌Población

Belfast tiene una población aproximada de 340.000 habitantes. Es la capital de Irlanda del Norte y, después de Dublín, es la ciudad más grande de la isla de Irlanda. Durante el conflicto, entre las décadas de los sesenta y noventa, la población de Belfast descendió, por las víctimas mortales y por quienes se fueron de la ciudad a un lugar más seguro. A partir de los años noventa la población volvió a aumentar, con el Acuerdo de Paz del Viernes Santo. Desde entonces ha aumentado más el número de población católica frente a la protestante. La raza predominante es la blanca, frente a la comunidad china, musulmana e hindú. También hay migrantes de Europa del Este. Se da la particularidad de que Irlanda del Norte es uno de los dos países que hay en la isla de Irlanda, por lo que hay una población que se identifica con la identidad irlandesa, norirlandesa y británica, principalmente.

▌Geografía

Belfast se encuentra en la costa oriental de Irlanda del Norte. Toma asiento a ambos lados del río Lagan. En la desembocadura del mismo se encuentra el puerto y la Isla de la Reina. En el pasado en dicha isla se instalaron los astilleros de Harland & Wolff, la naviera que construyó el Titanic. Hoy ese lugar es el barrio Titanic. En el centro de la ciudad se encuentran los barrios de la Catedral, del Lino y de la Reina. El lado este es una zona más residencial, igual que la oeste. En el oeste es donde se encuentran los Muros de la Paz y los barrios de Shankill y Gaeltacht, protestante y católico, respectivamente. Más al oeste, fuera del área metropolitana se encuentran las colinas de Belfast. Una ciudad que,

▼ Típico callejón de ladrillo rojo de las calles de Belfast.

por otro lado, hace parte de dos condados, el de Antrim y de Down.

▲ Vista aérea de la ciudad de Belfast.

▌Economía

En 1911 Belfast era la novena ciudad más grande de las Islas Británicas, habiendo pasado del puesto 22 en 1800 debido al crecimiento extremo de industrias como la del lino, la ingeniería, el tabaco y la construcción naval. Con esto vino un crecimiento simultáneo de las oportunidades de empleo, y mientras que la industria naviera y la ingeniería atrajeron a la ciudad a la fuerza laboral masculina, la modernización de la industria del lino provocó un auge en el número de mujeres jóvenes que abandonaban sus hogares para mudarse a Belfast en búsqueda de trabajo, las denominadas *millie*. El censo de 1901 muestra que poco menos del 30 por ciento de las mujeres de 20 años o más estaban empleadas en la industria (una proporción mucho mayor que el promedio de la época en Irlanda), mientras que otras encontraban empleo en el servicio doméstico o, para aquellas un poco más alfabetizadas, había unas pocas oportunidades en la administración. En la actualidad, después del Acuerdo de Paz del Viernes Santo, los inversores volvieron a invertir en Belfast, la ciudad referente a nivel cultural y comercial de Irlanda del Norte, además de ser la más turística del país. También es sede de importantes empresas relacionadas con la tecnología, la ingeniería y las finanzas, así como de compañías de servicios digitales y creativos.

La **esencia** de **Belfast**

En el Belfast de hoy queda un poso de la ciudad que fue. Una ciudad que construyeron miles de personas con su trabajo y sacrificio vital. Trabajadores hombres, mujeres y hasta niños, que por su tamaño y agilidad resultaban muy útiles en la industria del lino. Basta un paseo por Belfast para intuir que hubo un tiempo en que la capital de Irlanda del Norte fue una ciudad desarrollada, próspera, industrial y económicamente desarrollada. Ha pasado mucho tiempo de aquello y es posible que hoy la gente la asocie más con la serie de Juego de Tronos que con la industria naval, con el Titanic, o con el conflicto entre los leales a la corona Británica y los independentistas partidarios de la anexión con Irlanda.

Lo que no hay que perderse

Para no perderse lo que es Belfast y entender lo que significa esta ciudad, es recomendable leer y ver los documentales y películas que ayudan a poner en orden las piezas que arman lo que se conoce como *The Troubles*. Ese conflicto que ha enfrentado, por un lado, a católicos, republicanos e independentistas, su bando armado era el IRA, y por el otro, a protestantes leales a la Corona británica, su bando armado eran los paramilitares. Entre medias, el Ejército Británico y la policía. De aquello queda un poso en la ciudad en forma de muros que separaban y separan comunidades católicas y protestantes, banderas de Irlanda y de Gran Bretaña, murales en las fachadas de las casas en los que una persona puede ser un héroe o un terrorista, locales de música en los que los jóvenes de Belfast, católicos y protestantes, escuchaban, cantaban y bailaban las mismas canciones, además de los antiguos astilleros en los que se construyó el Titanic, y las calles en las que echaron a andar personajes ilustres de la ciudad, como C. S. Lewis, Van Morrison y George Best.

▼ Los Muros de la Paz son un reflejo de los conflictos políticos y religiosos que Irlanda del Norte vivió durante décadas.

▲ Jardín Botánico de Belfast.

Muros de la Paz. Ver estos muros que separaban y separan comunidades católicas y protestantes impresiona y ayuda a hacerse una idea de lo que hemos visto y nos han contado en relación al conflicto norirlandés. La mayoría de estos muros están en el lado oeste de Belfast, en Falls Road, zona católica, y en Shankill Road, zona protestante. Se pueden ver en un recorrido guiado a bordo de los populares taxis negros de la ciudad.

Tras las huellas de George Best. Este mítico jugador de fútbol nació en Belfast, ciudad en la que vivió hasta que se fue al Manchester United a los 15 años. Hasta ese momento Best estudió en un par de colegios, frecuentó heladerías y locales de *Fish & Chips* y jugó al fútbol en las calles adyacentes a su casa en Burren Way 16. Un recorrido que hoy se puede realizar e, incluso, dormir en la habitación de su casa natal.

Locales de música y comedia. La relación de la música y la comedia con Belfast es prolífica y fue reparadora. Durante el conflicto norirlandés en estos locales los jóvenes se olvidaron y se pusieron a salvo de lo que sucedía en las calles. En esos locales han hecho reír, han ensayado y tocado músicos y bandas que todo el mundo conoce; Van Morrison y Snow Patrol, por citar dos ejemplos. Asistir a un espectáculo cómico a uno o a varios conciertos en alguna de estas muchas salas que hay en la ciudad hacen que la visita a Belfast tenga sentido.

Desayuno norirlandés y *boxty*. Aunque la gastronomía local no es una de sus fortalezas, no está demás probar un desayuno típico que incluye alubias, pan de levadura, tomate, huevo frito, beicon, champiñones y salchichas. A la hora de la comida lo que hay que probar, al menos una vez, es un *boxty*, una especie de pizza de patata ralladas y otros ingredientes, leche, cebolla y huevos, principalmente.

Recorrer en bici la Isla de la Reina. En los astilleros de Belfast, en la Isla de la Reina, se construyó el Titanic y muchos otros barcos. Hoy este lugar es lo que se conoce como el barrio Titanic, un sitio enorme que se puede recorrer en bicicleta haciendo parada en los principales lugares del interés.

Día de sol en el Jardín Botánico. Un buen lugar para disfrutar un día soleado sentado en un banco o de un picnic es el Jardín Botánico. Un parque que aloja el Museo del Ulster y un par de invernaderos y que es un remanso de paz en el barrio de la Reina o de la Universidad.

Naturaleza y paisaje

Belfast se encuentra en la costa nororiental de Irlanda del Norte. El río Lagan la atraviesa, de sur a norte, donde se encuentra la Isla de la Reina, en la desembocadura de dicho río. Al oeste de la ciudad se encuentran las colinas de Belfast, así como las montañas Divis y Negra. Un buen lugar para hacer senderismo y disfrutar de las vistas.

Dentro de la ciudad hay varios parques y jardines, como el Jardín Botánico (del que se habla en esta guía), el Parque Victoria, al que le llega agua del río Lagan antes de desembocar en el puerto de Belfast, y que cuenta con senderos para caminar y un circuito de bicicleta BMX, el Parque Omeau, a orillas del río Lagan y el Parque Orangefield. No son parques, pero en Reino Unido se entienden como jardines, los cementerios son lugares aptos para el paseo, una opción es darse una vuelta por el Cementerio de la Ciudad de Belfast y/o en el de Milltown, ambos en Falls Road.

Al norte de la ciudad se encuentran los parques Waterworks, Alejandra, The Grove Playing Fields, La Cueva de la Colina, donde se encuentra el castillo de Belfast, y Giant´s Park, en plena desembocadura del río Lagan, junto al puerto. En su interior se encuentran los Belfast Harbour Studios.

▼ Bosque de Tolleymore.

Un poco de historia

1170   Invasión anglo normanda.

1600   En la zona en torno a lo que hoy es el Ayuntamiento y Donegall Place, había un castillo y unos jardines.

1604   Desde este año, en lo que hoy es el mercado de San Jorge, se celebraba lo que se conocía como el mercado del Viernes.

1609   Se instalan en la provincia del Ulster protestantes leales a la corona británica.

1630   Se funda la White´s Tavern, la taberna más antigua de Belfast.

1690   El 12 de julio tiene lugar la batalla de Boyne. En esta contienda el protestante Guillermo de Orange venció al católico Jaime II. Esto hizo que se afianzara el dominio británico y protestante en Irlanda.

Siglo XVIII

Comienza la construcción de barcos en Irlanda. Una industria que se asentó primero en la Isla de Dargan, en honor al ingeniero que la ideó, William Dargan. En 1849 se bautizó con el nombre de la Isla de la Reina, después de una visita de la Reina Victoria a Belfast en ese mismo año. Una isla que se convirtió en el feudo de la naviera Harland & Wolff, la que construyó el Titanic. Una isla que ha sido testigo de un crecimiento colosal y del declive de la industria naval. Hoy es patrimonio marítimo de Irlanda del Norte y hace parte de uno de los

▼ Guillermo III en la batalla del Boyne.

WILLIAM III. AT THE BATTLE OF THE BOYNE.

más grandes proyectos de regeneración de costas urbanas del mundo.

1708 El castillo que había en lo que hoy es el Ayuntamiento se quema.

1737 Francis Joy funda el Belfast News Letter. El primer periódico publicado en el Ulster.

1788 Se funda la biblioteca Linen Hall, la más antigua de Belfast.

Siglo XIX

1800 Comienzan las tensiones entre las comunidades católicas de Falls Road y la protestante de Shankill Road.

1828 Se inaugura el Jardín Botánico de Belfast, un invernadero de hierro denominado Palm House, diseñado por Charles Lanyon.

1845 Se funda la Universidad de la Reina de Belfast, aunque se inaugura en 1849 como Queen´s College. Sus orígenes se remontan a 1810.

Siglo XIX

A mediados de siglo la escasez de cultivos y la ineficiente mediación política deriva en una gran hambruna que hace que dos millones de irlandeses emigren a Estados Unidos, Canadá y Argentina.

1858 Se inaugura la Ulster Arcade.

1860 Se inaugura en 1869 el Cementerio de la Ciudad, uno de los cementerios públicos más antiguos de Belfast.

¿Sabías que...?

¿Sabías qué Feniano es un término en uso desde 1850 para referirse a los nacionalistas irlandeses que estaban en contra del dominio británico sobre Irlanda?

▼ El Titanic en los astilleros Harland & Wolff.

1866 En el contexto de la batalla de Ridgeway, en lo que hoy es Ontario (Canadá), entre un ejército local contra uno invasor formado por irlandeses y americanos, los Fenians, surge la denominación de Ejército Republicano Irlandés (IRA).

1872 Finalizan las obras de construcción de la iglesia de San Mateo, cerca de Shankill. El Parlamento de Grattan aprueba la que se conoce como "Constitución de 1782". Henry Grattan fue un miembro de la Cámara Irlandesa de los Comunes y un defensor de la libertad legislativa del Parlamento Irlandés. Se opuso al Acta de Unión que fusionaba los reinos de Irlanda y Gran Bretaña.

1878 Muere Bernard Hughes, alias Barney, creador del popular Belfast bap, un pan de molde de corteza crujiente pensado para alimentar los pobres de la ciudad durante la hambruna que azotó a Irlanda a mediados del siglo XIX.

1880 Se termina de construir la galería comercial de la Reina, la Queen´s Arcade.

1884 Se construye el gran muelle de la Reina Alexandra, en la Isla de la Reina.

1888 La reina Victoria le concede a Belfast la condición de ciudad.

1893 Se abren los baños públicos de Templemore Avenue. Un complejo de construcción victoriana.

1895 El entorno del Jardín Botánico de Belfast se convierte en un parque público y se inaugura la Ópera de la ciudad.

1896 Se abre al público el Mercado de San Jorge.

1899 Se pone la primera piedra de la Catedral de Santa Ana, templo románico.

A finales de siglo, la industria dominante en Belfast es la construcción de barcos. Las navieras que monopolizaron dicha industria fueron Harland & Wolff y Workman Clark. La construcción de barcos se desarrolló y explotó gracias a la industria del lino y del tabaco. En 1900 se fabricaba y exportaba más lino que en cualquier otro lugar del mundo. El lino fue el origen de la prosperidad de

▲ Mercado de San Jorge.

Belfast, lo que facilitó la construcción del Titanic. Por aquel entonces Belfast fue la ciudad con mayor crecimiento de todo el Imperio Británico.

Siglo XX

1906 Se inaugura el Ayuntamiento de Belfast.

1908 Parte de la población protestante y unionista empieza a pintar murales conmemorativos de hazañas consumadas por su bando, como lo fue la batalla de Boyne, en 1690. Una corriente que se afianza a partir de 1920.

1911 Se inaugura el dique seco Thompson, el más largo del mundo por aquel entonces, con capacidad para alojar a los transatlánticos Titanic, Olympic y Britannic.

1912 La noche del 14 al 15 de abril el Titanic se hunde al chocar con un icerberg al sur de Newfoundland, en Canadá.

1914 El Gobierno del Reino Unido atendió la antigua exigencia de los nacionalistas irlandeses de un gobierno autónomo, pero con dos condiciones: que no se proclamase hasta después de la I GM y que los seis condados norteños quedasen temporalmente excluidos del control local del Parlamento de Dublín. Una autonomía que supo a poco a una minoría nacionalista que se manifestó en el Alzamiento de Pascua de 1916 contra el gobierno británico en Dublín. Se construye el barco de guerra HMS Caroline y que sobrevivió a la batalla de Jutland en 1916. Hoy está atracado en el muelle Alexandra.

1915 En Dublín, durante el funeral de Jeremiah O'Donovan Rossa, miembro de la Hermandad Republicana Irlandesa, conocida como los Fenianos, el líder revolucionario Patrick Pearse dijo que "La vida brota de la muerte, y de las tumbas de los patriotas, hombres y mujeres, brotan las naciones vivas". Un discurso que se considera clave en el Alzamiento de Pascua de 1916.

1916 Alzamiento de Pascua. Un acto llevado a cabo por los republicanos irlandeses contra la autoridad británica que gobernaba en Irlanda del Norte para con-

▲ Dique seco Thompson.

seguir la independencia respecto del Reino Unido. Un acto clave en el devenir del republicanismo y nacionalismo irlandés, que habían aceptado, hasta ahora, a Irlanda del Norte como una autonomía limitada bajo la Corona británica. Los supervivientes republicanos, bajo el liderazgo de Éamon de Valera, se hicieron con el control del Sinn Féin, hecho que condujo a una crisis de objetivos en 1917.

1919-1921 Creación del Estado Libre de Irlanda y separación de Irlanda del Norte que conduce a la Guerra de Independencia de Irlanda entre el Ejército Republicano Irlandés (IRA) contra el ejército del Gobierno Británico en Irlanda.

El 6 de diciembre de 1921 se firma el Tratado anglo irlandés. El IRA Original o Antiguo (1919-1922) es reconocido como el ejército legítimo de la República de Irlanda. Un ejército dividido en fuerzas protratado y las antitratado. Este último bando perdió la guerra civil y se negó a reconocer el Estado Libre de Irlanda o Irlanda del Norte al considerarlo una creación del imperialismo británico. Luchó hasta 1969, que es cuando desaparece el IRA Original y entra en acción el IRA Provisional.

1941 Un bombardeo destruye la Ulster Arcade.

1946 El 22 de mayo nace George Best, futbolista norirlandés que destacó en el Manchester United.

▼ Tumba y mural dedicado a Bobby Sands en Belfast.

1953 Se funda la Fábrica de caramelos de la tía Sandra.

1969 Deja de luchar el IRA (Ejército Republicano Irlandés) y se constituye el bando del IRA Provisional. Se levanta el primer muro de la paz en la ciudad de Belfast. Una solución fácil, temporal y vaga para tratar de evitar problemas entre los leales a la corona británica y los partidarios del independentismo y republicanismo irlandés. La mayoría de estos Muros de la Paz se levantaron a partir de 1994, cuando el IRA Provisional declaró un alto el fuego.

1970-1975 Unos trescientos locales comerciales son destruidos en el centro de Belfast como consecuencias de los altercados que se suceden durante el conflicto.

1972 Domingo Sangriento *(Bloody Sunday)*. El 30 de enero durante una manifestación pacífica a favor de los derechos civiles en Bogside, un barrio católico de Derry (para los independentistas y republicanos irlandeses) y Londonderry (para los leales a la corona británica), miembros del Regimiento de Paracaidistas del Ejército Británico dispararon contra los manifestantes, matando a trece personas e hiriendo a quince. En 2010, tras varias investigaciones llevadas a cabo, el primer ministro británico, David Cameron, pidió disculpas a los familiares de las víctimas en nombre del gobierno y de la nación. Sin embargo, a día de hoy, ninguno de los soldados que disparó y mató a esas personas ha sido procesado.

Se introducen por primera vez en el centro de Belfast las barreras de seguridad, en respuesta a la intensificación de los bombardeos del Nuevo IRA.

1981 Muere Bobby Sands, quien se había declarado en huelga de hambre, un símbolo en el bando republicano que luchó contra el ejército británico, en la prisión de Maze. La primera ministra, Margaret Thatcher, en ninguna ocasión cedió a las presiones y conceder la condición de presos políticos ni a los

▲ Gerry Adams, presidente del partido de Sinn Féin.

▲ Escultura Faro de Esperanza en Belfast.

miembros del IRA ni a los afines a la causa independentista y republicana.

1985 El 1 de septiembre se encuentra el pecio del Titanic gracias al gran campo de residuos que se generó en torno al mismo.

1994 El Ejército Republicano Irlandés (IRA) declara un alto el fuego. Seis semanas después hicieron lo propio los paramilitares unionistas. En ese contexto el Primer Ministro inglés, John Mayor accede a dialogar con Gerry Adams, líder del Sinn Féin, el brazo político del IRA. Sin embargo, pronto ambos bandos armados volvieron a perpetrar atentados.

1995 El presidente de los EE.UU., Bill Clinton, y la Primera Dama, Hillary Clinton, visitan Belfast en el contexto del alto al fuego.

1998 Acuerdo de Viernes Santo, firmando en Stormont, Belfast, el 10 de abril por la mayoría de los partidos políticos norirlandeses, para poner fin al conflicto de Irlanda del Norte. Un acuerdo que también fue aprobado por el pueblo norirlandés y la República de Irlanda mediante un referéndum. El SÍ a los acuerdos de paz implicó, entre otras cosas, la liberación de presos de ambos bandos que habían cometido asesinatos. Un acuerdo que trajo la paz, pero que no acabó con décadas de odio y resentimiento. Un grupúsculo del IRA, contrarios a los acuerdos de paz del Viernes Santo, formaron el denominado Nuevo IRA.

David Trimble, líder del Partido Unionista del Ulster, principal fuerza política de Irlanda del Norte, y John Hume, líder del católico Partido Socialdemócrata y Laborista, el segundo partido en importancia en el Ulster, y mediador e impulsor de la participación de los Estados Unidos en la búsqueda de la paz en Irlanda del Norte, recibieron el Premio Nobel de la Paz "por sus esfuerzos para encontrar una solución pacífica al conflicto en Irlanda del Norte", según el Comité Noruego del Nobel.

Siglo XXI

2005 El 28 de julio el IRA Provisional anuncia el cese de la lucha armada. En 2008 se considera oficialmente desarmado.

2012 Primer centenario del hundimiento del *Titanic*. Se abre al público la atracción turística *Titanic Experience*.

2017 Vuelve cierta tensión entre Irlanda e Irlanda del Norte al establecerse de nuevo la frontera por el Brexit. La única frontera terrestre (500 km) que comparten Reino Unido y Europa. Frontera que se volvió invisible gracias a los Acuerdos de Paz del Viernes Santo de 1998. Para solucionarlo se aplica lo que se conoce como el Protocolo de Irlanda del Norte, una vía que trata de que no afecte a los Acuerdos de Paz del Viernes Santo. De esta manera la inspección y verificación de documentos se realiza entre Gran Bretaña e Irlanda del Norte, en vez de entre la República de Irlanda e Irlanda del Norte. Así, en el norte se siguen las normas de la Unión Europea en materia de productos, a pesar de ya no estar en Europa.

2018 El Nuevo IRA, escisión del IRA formada por disidentes del IRA Provisional, sigue activo e intenta perpetrar varios atentados con bombas y armas de fuego, además de asesinar a dos funcionarios de prisiones. Para el Nuevo IRA los disidentes son los otros, los que abandonaron la causa del republicanismo y el sueño de una Irlanda unida.

2022 El Sinn Féin gana las elecciones en Irlanda del Norte. El partido derrotado, el unionista, no aclara si facilitará o no la formación de un nuevo gobierno que se presenta histórica y repleto de retos.

2023 En abril el presidente de los Estados Unidos, Joe Biden, visita Belfast y advierte que "la paz no es inevitable". Una visita que sirvió para rendir tributo al Acuerdo de Viernes Santo, en el contexto de un país, Irlanda del Norte, que suma catorce meses sin gobierno.

▼ David Trimble, Premio Nobel de la Paz en 1998.

Personajes famosos

▲ Trabajadores de los astilleros durante la construcción del Titanic.

❚ Los trabajadores de los astilleros

Menos célebres que otros, pero más importantes para el desarrollo y progreso de Belfast, fueron los hombres que trabajaron en los astilleros de la Isla de la Reina construyendo barcos, entre ellos el Titanic. A mediados del siglo XVIII estos trabajadores, conocidos como *The Yardmen,* y sus familias se instalaron en el barrio de Ballymacarret, en el este de Belfast, en casas de ladrillo unifamiliares y adosadas. En su momento álgido, la naviera Harland & Wolff llegó a tener contratados a 30.000 empleados. En su cabeza siempre llevaban puesta la gorra, en inglés "dunchers", así como la "donkey jackets" y portando su bocadillo del descanso. Una imagen que se puede ver en algunos de los murales que hay en el barrio Titanic, así como en la escultura que hay en honor a estos hombres dentro del parque Pitt.

❚ William Ritchie (1756-1834)

Oriundo de Ayshire, Escocia, llegó a Belfast en 1791, acompañado de unos trabajadores cualificados y fundó un astillero. Un año después botó su primer barco, el Hibernia, impulsando la construcción naval. Él y su hermano sentaron las bases de la industria que dio fama mundial a Belfast. Su astillero fue la semilla que se convirtió en los astilleros más grandes del mundo, los de la naviera Harland & Wolff.

❚ James Connolly (1868-1916)

Nació en Edimburgo, Escocia, pero a través de su activismo, fue un socialista revolucionario, líder sindical y teórico político, su vida y su lucha fue por la independencia de Irlanda del gobierno Británico. Un Consejo de Guerra le sentenció a morir fusilado después del Levantamiento de Pascua de 1916.

❚ William Dargan (1799-1867)

Célebre ingeniero irlandés. Su trabajo más destacado fue la construcción de líneas de ferrocarril, como la que unió Dublín con Dún Laogharie en 1833. La que hoy se conoce como Isla de la Reina, en la que se instalaron los astilleros en los que se construyó el Titanic, antes se la denominó como la Isla de Dargan.

❚ Thomas Andrews (1873-1867)

Ingeniero naval que fue director y jefe del departamento de diseño de barcos la naviera Harland & Wolff, en Belfast. Fue el encargado del planteamiento y de la construcción del Titanic, así como de sus gemelos, el Olympic y el Britannic, propiedad de la compañía White Star Line. Thomas Andrews fue una de las 1.514 personas que murieron en el hundimiento del Titanic la noche del 14 al 15 de abril de 1912.

John McKenna (1855-1936)
Exitoso empresario del este de Belfast. Propietario del barco de vapor Great Eastern, que dio nombre a un bar frecuentado por los hombres que construyeron los barcos que hicieron de Belfast una ciudad célebre y próspera entre mediados del siglo XVIII y XIX. Durante casi cuarenta años McKenna estuvo vinculado al Liverpool Football Club.

William Peewill (1847-1924)
Destacado empresario y político irlandés, conocido por su asociación con la industria naval. Fue una figura clave en la naviera Harland & Wolff a finales del siglo XIX. Peewill dirigió el astillero más grande que existía en ese momento en el mundo, el mismo en el que sus trabajadores hacían uso de la tecnología más moderna de la época. Trabajadores cualificados y especializados a un nivel desconocido en aquel entonces. Peewill contaba con la visión, la mano de obra, las instalaciones y el beneplácito de las autoridades locales para construir los buques que se convertirían en referentes de excelencia en la arquitectura naval: el Titanic y sus barcos gemelos. Los más grandes y lujosos jamás construidos.

Ella Pirrie (1857-1929)
La primera enfermera que trabajó en el Belfast Union Workhouse Infirmary, hoy Hospital de la Ciudad de Belfast. Nació en 1857, en Ulster. En aquella primigenia institución fundó una escuela de enfermería. Más adelante también fue la primera matrona del Hospital Deaconess de Edimburgo. En esa misma ciudad escocesa murió en 1929.

Dr. John Pitt
Médico local que brindó sus conocimientos y servicios médicos a la comunidad de trabajadores de Lower Newtownards Road, junto al parque que hoy lleva su nombre y en la que se encuentra la escultura en honor a los hombres que trabajaron en los astilleros de la Isla de la Reina.

▲ Estatua de James Connolly en Dublín.

▌ Michael Collins (1890-1922)

Líder revolucionario irlandés. Su vida está ligada a la historia política de Irlanda. Michael Collins fue Ministro de Finanzas de la República Irlandesa, director de inteligencia del IRA y miembro de la delegación irlandesa que negoció el Tratado anglo irlandés, Presidente del Gobierno Provisional y Comandante en Jefe del Ejército Nacional. El 22 de agosto de 1922 fue asesinado durante la guerra civil irlandesa.

▌ C. S. Lewis (1898-1963)

Autor internacionalmente conocido por su saga *Las crónicas de Narnia,* una obra que ha vendido millones de ejemplares, que se ha traducido a más de treinta idiomas y que se ha adaptado a formatos audiovisuales y radiofónicos. Estudió en la Universidad de Oxford, donde impartió clases y conoció a J.R.R Tolkien, entre otros ilustres.

▌ Van Morrison (1945-)

Cantante, compositor y músico, nacido en Belfast el 31 de agosto de 1945. Está considerado uno de los músicos más influyentes de su generación. Su música se caracteriza por la fusión de diferentes géneros, desde el R&B, el jazz, el blues y la música tradicional irlandesa. Es conocido como el León de Belfast.

George Best (1946-2005)

Futbolista nacido en Belfast, el 22 de mayo de 1946. Los mejores años de su carrera son los que jugó en el Manchester United (entre 1963 y 1974), donde lo ganó todo, a nivel colectivo e individual. Llegó al United siendo un niño y se fue como un hombre con problemas extradeportivos que hacen parte de la misma persona. Una persona con un carisma que el día de su entierro hizo que toda la ciudad de Belfast saliera a la calle a despedirlo.

▲ George Best.

Marie Jones (1951-)

Actriz y guionista nacida en 1951. Antes de escribir trabajó como actriz. Las obras que ha escrito se han interpretado dentro y fuera de Irlanda.

Lyra Catherine McKee (1990-)

Periodista y activista LGTBIQ+ nacida en Belfast en 1990. Fue editora de *Mediagazer* y escribió para *The Altantic* y *BuzzFeed News*. El 18 de abril de 2019 en los disturbios de la zona de Creggan, en la ciudad de norirlandesa de Derry (donde vivía con su novia), un miembro del Nuevo IRA le disparó en la cabeza y murió de camino al hospital. Sus artículos, e investigaciones sobre asesinatos no resueltos durante el conflicto en Irlanda del Norte a finales del siglo XX, dejan constancia por escrito de la complejidad del conflicto heredado, de los numerosos actores involucrados y el descontento de los jóvenes norirlandeses que viven a la sombra de los Muros de la Paz que separan a familias protestantes y católicas.

Ross Wilson (1958-)

Artista norirlandés, estudió Bellas Artes en la Universidad de Ulster, en Belfast, y en la Escuela de Arte de Chelsea, en Londres. Durante su larga carrera artística ha hecho escultura, ha sido curador y consultor. Es un convencido del impacto positivo que tiene el arte, por eso ha trabajado como voluntario en diferentes programas sociales y artísticos destinados a comunidades marginadas. Algunas de sus esculturas que se pueden ver en Belfast son: la del centenario de C. S. Lewis, la de Barrel Man, la de Ella Pirrie y la de los astilleros del Titanic, así como un mural del Titanic que hay en Dee Street.

Lugares
inolvidables

4

La cuna del Titanic

1

Lo que hoy es el barrio Titanic (Titanic Quarter) a finales del siglo xix y principios del xx fue un enorme astillero en la Isla de la Reina, en la desembocadura del río Lagan. Tan grande porque hacía falta espacio suficiente para construir el Titanic y sus transatlánticos gemelos. Es un barrio que hace memoria por medio de su nombre y de la conservación de algunas de aquellas esplendorosas infraestructuras que hicieron posible la construcción de semejante barco que se hundió la madrugada del 15 de abril de 1912 durante su primera navegación al colisionar con un iceberg en aguas canadienses. El Barrio Titanic se puede recorrer caminando y/o en bicicleta siguiendo la denominada Milla Marítima (Maritime Mile).

La Isla de la Reina, llamada así después de una visita de la Reina Victoria en 1849, antes era conocida como la Isla Dargan, por el ingeniero William Dargan, quien hizo posible que dicha isla se convirtiera en un puerto, cuna de la construcción naval. Un empresario industrial que llevó a Belfast al desarrollo y a su apogeo. Una isla que ocupó la naviera **Harland & Wolff** y que ha sido testigo de un crecimiento colosal y rápido, que sobrevivió a un bombardeo y que ha tenido que lidiar con un gradual declive de la actividad industrial hasta el día de hoy, que se ha convertido en uno de los proyectos de regeneración de costas urbanas más importantes del mundo. De aquella época frenética de trabajo hoy quedan esas grandes bañeras en las que se construían y reparaban barcos, el **dique seco Thompson,** por ejemplo, era el más largo de aquel entonces y el único con capacidad para alojar transatlánticos como el Olympic, Britannic y Titanic. Catedrales flotantes.

La oficina en la que ingenieros y diseñadores concebían los enormes barcos que se construían en los astilleros de al lado, en la actualidad es el **Hotel Titanic,** convertido en una especie de museo en el que se muestra una colección de 500 fotografías, objetos varios relacionados con la construcción y diseño de barcos. Las fotos, objetos y salas que arman este museo se pueden descubrir en una visita en solitario y en silencio. Más recientes, pero no tanto, son las gigantes grúas amarillas bautizadas con los nombres **Goliath y Samson,** ambas selladas con las iniciales H&W.

Más de 100 años después del hundimiento del Titanic se inauguró, en el mismo emplazamiento

▼ The Titanic Experience.

en el que se construyó y se botó el que se conocía como el **buque 401,** un museo en su honor, **The Titanic Experience.** Se trata de la gran atracción turística de Belfast. Un museo en el que se cuenta la historia del Titanic, además de contextualizar el momento en el que se encontraba Belfast cuando se construyó dicho transatlántico. La visita se realiza provisto de una audioguía, en combinación con el uso de la tecnología inmersiva, sonidos, historias y con el patrimonio marítimo atesorado original. Como notas escritas en papel con membrete del Titanic escritas por pasajeros, así como la única carta que sobrevivió al hundimiento del barco en la que su autora, una mujer que iba a Canadá con su familia, se disculpa por su letra, difícil de leer por el vaivén de la travesía y sus náuseas. Patrimonio que se fue consiguiendo a partir del 1 de septiembre de 1985, que es cuando se localizó el pecio del Titanic, gracias al gran campo de residuos que se generó en torno al mismo. Al Titanic hundido lo han descrito como un monte Everest cuya cima hubo que conquistar.

Para construir un buque de la magnitud del Titanic hacía falta una gran ciudad. Ahí es donde empieza la historia del Titanic, en las calles de Belfast. A finales del siglo XIX Belfast era una ciudad en pleno auge. De hecho, era la ciudad con mayor crecimiento de todo el Imperio Británico. Por aquel

▲ Milla Marítima del barrio Titanic.

Info

🕐 53A4.
✉ 1 Olympic Way, Queen's Road, Belfast BT3 9EP.
☎ +44 (0) 28 9076 6386.
🕐 Marzo, nov-dic: 10 h -17 h. Abril-mayo, sept-oct: 9 h-18 h. Junio-agosto: 9 h-19 h. Enero y febrero cerrado.
💷 £ 24,95 (conviene reservar).
🌐 www.titanicbelfast.com

entonces en la ciudad había diversas industrias manufactureras que contribuyeron a dicho apogeo: fábricas de lino (por eso hay un barrio del lino), cuerda, tabaco, whisky y, por supuesto, los astilleros.

En 1884 la naviera Harland & Wolff decidió construir el gran muelle Reina Alexandra en la Isla de la Reina, en vez de hacerlo en Liverpool o Glasgow. A finales del siglo XIX la construcción de barcos era la industria dominante en Belfast. Las navieras que monopolizaban dicha industria eran, la mencionada H&W y Workman Clark. Los trabajadores de los astilleros de la Isla de la Reina utilizaban la tecnología más moderna de la época. Estaban cualificados y su especialización técnica era muy conocida por todos. En Belfast había mano de obra, visión por parte de algunos hombres, autoridades interesadas en poner en marcha un proyecto de gran envergadura, además de las instalaciones necesarias para construir los buques que se convertirían en un referente de excelencia en la arquitectura naval: el Titanic. Un barco de 104 pies, 32 m de altura, desde la quilla hasta el puente, lo que hacía que fuera más alto que la mayoría de edificios de la ciudad. El Titanic y sus gemelos fueron los barcos más grandes jamás construidos. El Titanic fue un leviatán. Un barco pensado para el lujo y no la velocidad. El lujo y la elegancia fueron sus señas de identidad.

▼ Diferentes estancias del Centro de visitantes Titanic Belfast.

Un lujo pensado para todo el pasaje, pero que no pudo disfrutarlo mucho. El recorrido que debería haber realizado era una navegación con salida en Belfast, donde se construyó, Southampton, al sur de Inglaterra, Cherbourg (Francia), Queenstown (Irlanda) y Nueva York, donde nunca llegó. Se hundió en las coordenadas: 41º 43' 32" N / 49º 56' 49" S. El Titanic se chocó contra un iceberg, dentro de un círculo de hielo en el que entró y del que no pudo salir. Se hundió el domingo 14 de abril de 1912. El radiotelegrafista de abordo recibió mensajes que a lo largo de la ruta de transporte del Atlántico Norte los navíos se estaban encontrando con un círculo de hielo. Por las engañosas buenas condiciones climáticas, era difícil localizar un iceberg. Cuando lo localizaron ya era demasiado tarde. En ese momento se enviaron muchos mensajes en morse a los barcos de alrededor. Hay dos salas que explican muy bien cómo fue aquella fatídica colisión y el consiguiente hundimiento. En dichas salas se puede escuchar la simulación del sonido de los mensajes en morse que se enviaron desde el Titanic para pedir ayuda, así como las voces de los verdaderos supervivientes relatando su experiencia. El Carpathia fue el primer barco en ir en su ayuda. Salvó a los 713 supervivientes del hundimiento. Una de esas supervivientes fue Margaret Brown, pasajera de primera clase.

¿Sabías que...?

Aunque el Titanic llevaba botes salvavidas suficientes según las regulaciones de la época, no eran suficientes para todos los pasajeros y tripulación. En su origen, el barco iba a contar con 64 botes salvavidas pero finalmente se decidió colocar únicamente 20 botes.

El capitán Edward John Smith, que se unió a "White Star Line" en 1880, iba a jubilarse después de concluir el viaje inaugural del Titanic.

El Titanic se encuentra a una profundidad de aproximadamente 12.500 pies en el lecho marino del Océano Atlántico Norte, a unas 370 millas al sureste de Terranova (Canadá).

Los *entries*

2

En el centro de la ciudad de Belfast, en el barrio de la Catedral, en los alrededores de las calles High y Ann, principalmente, se suceden una serie de pasadizos, con entrada y salida, denominados *entries* (pasadizos). Se remontan a 1630, es decir, son el embrión de la ciudad. Los *entries* son un mapa histórico de Belfast. Son largos, estrechos, altos y oscuros. En ellos vivía gente y era donde se recibían y comercializaban las mercancías procedentes de los muelles del puerto de Belfast. Hoy, en los mismos, se suceden pubs con solera y otros tantos nuevos que son, son sin duda, la mejor forma de conocer la cultura irlandesa.

En los *entries,* pasadizos, con una entrada y una salida, echó a andar la ciudad de Belfast allá por 1630. En esos pasadizos estrechos, altos y oscuros, incluso en días soleados, flanqueados por edificios, unos muy cerca de otros, Belfast comenzó a desarrollarse, a rebufo de su puerto, donde se cargaban y descargaban mercancías, y en los *entries* se comercializaban. A finales del siglo XIX en Belfast había una actividad frenética, sobre todo en los muelles. Muelles en los que se cargaban y descargaban mercancías. Hacían falta grandes cantidades de carbón, acero, hierro, madera y lino. Los olores y el ruido eran insoportables, en gran parte de la ciudad. El golpeteo de los remachadores de los astilleros del este de Belfast era un ruido ensordecedor que duraba casi todo el día. Un flujo constante de barcos entregaba la materia prima y recogía los productos terminados para exportarlos, para comercializarlos. Tela de lino, cigarrillos, whisky, agua con gas, etc. Los productos de Belfast eran conocidos en todo el mundo.

En su momento estos pasadizos daban un gran servicio a la ciudad a nivel residencial y comercial. Hoy en los mismos se suceden bares, pubs victorianos, restaurantes y locales de música en vivo y de comedia. Muchas de las paredes de los mismos están pintadas por artistas. Los transitan tanto locales como turistas. Los primeros también los usan como atajos. Los músicos callejeros convierten los *entries* en improvisados escenarios en los que tocan sus repertorios a la espera de una oportunidad, mientras confían en llenar sus sombreros o las fundas de sus instrumentos musicales de monedas.

Los principales *entries,* los más frecuentados y habilitados, son **Crown, Joy, Pottinger** y **Winecellar**.

▼ Los *entries* son una serie de callejones en donde se ubican muchos de los pubs más antiguos de Belfast.

◀ Pottinger's Entry.

además de **S**ugarhouse, **Warehouse Lane**, **Wilson´s Court**, **Cole's Alley**, **Castle Arcade**, **Exchange Place**, **College St Mews** y **Patterson's Place**.

Crown Entry, conecta Ann Street con High Street. En este pasadizo se encuentra **Peggy Barclay´s**, histórica taberna en la que se fundó en 1791 la sociedad Irlandeses Unidos. El Joy's Entry lleva el nombre de Francis Joy, quien fundó el Belfast News Letter en 1737, el primer diario de las Islas Británicas (todavía está en funcionamiento). Es particularmente estrecho y conecta Ann Street con High Street. En este pasadizo se encuentran los pubs **Henry´s** y **The Jailhouse**. El Pottinger's Entry también conecta Ann Street con High Street y en el se encuentra el pub victoriano **The Morning Star**. Pub histórico y pintoresco, se remonta al año 1810. Un *entry* muy popular entre los músicos callejeros. El Winecellar Entry tiene una pequeña entrada en Lombard Street y comunica High Street con Rosemary Street. En este pasadizo se encuentra la taberna más antigua de Belfast, la **White´s Tavern**. Un local que se remonta al año 1630, aunque reconstruida en 1790.

Los Muros de la Paz

3

Los Muros de la Paz se levantaron como medida temporal para tratar de separar a unionistas y leales a la Corona británica de los independentistas y republicanos irlandeses. Una solución simple para un problema que va más allá de una lucha entre protestantes y católicos, como lo ha sido El Conflicto, en inglés *The Troubles*. El primero de esos muros se levantó en 1969, después de una serie de disturbios entre ambos bandos. Debido a su eficacia le levantaron más muros de hormigón, más largos y más altos. Muros que se siguieron levantando después de que el IRA declarase un alto al fuego en 1994. Hoy esos muros, muchos de ellos pintados por uno y otro bando para honrar a los suyos y a su causa, se pueden ver en un recorrido guiado subido en uno de los populares taxis negros de la ciudad de Belfast y que discurre, principalmente, por Shankill Road y Falls Road, y sus calles adyacentes, en el oeste de Belfast.

Desde hace mucho y durante mucho tiempo Belfast ha sido una ciudad dividida en la que unos y otros la consideraban suya. Belfast es el punto en común de dos bandos que se enfrentan por lo mismo: encajarla en su imaginario, sin incluir al resto. Esa herida sin cicatrizar, en forma de una paz imperfecta que se conoce como el Acuerdo de Viernes Santo, firmado el 10 de abril de 1998, hace que la ciudad se parezca a uno de esos velatorios cinematográficos en los que uno llega triste, serio, afligido por el difunto y acaba hablando con los presentes y recordando episodios protagonizados por el muerto que a todos les saca una risa, una carcajada. En Belfast, donde todo está a tiro de piedra, el humor, la música y la cerveza, siempre han estado por encima del sectarismo y la violencia. Una violencia que se remonta tiempo atrás, tanto que, a veces, el origen del conflicto se diluye. Un conflicto que se remonta al siglo XVII, cuando se instalaron en lo que hoy es la provincia del Ulster, en la isla de Irlanda, una comunidad de protestantes procedentes de In-

▲ Pareja escribiendo en uno de los Muros de la Paz.

Info

Recorrido guiado por los Muros de la Paz de los taxis negros

 Shankill Road: 11A, 11B, 11C (Wellington Place)
Falls Road: 10A, 10B, 10C, 10D, 10E, 10F.

🔗 https://touringaroundbelfast.com/tours/belfast-black-cab-tour

◀ Los muros son barreras que separan los barrios católicos y los protestantes de Belfast.

▲ Las calles más famosas por los murales son Falls Road (católica) y Shankill Road (protestante).

glaterra y leales a la Corona británica. A finales de ese mismo siglo tuvo lugar la batalla de Boyne, en la que el protestante Guillermo de Orange venció al católico Jaime II. Esto hizo que se afianzara el dominio británico y protestante en Irlanda. Lo que se tradujo, con el paso del tiempo, en tensiones en Belfast entre vecinos de la zona de Shankill, protestantes, y de la de Falls Road, católicos. Estos últimos llegaron a la ciudad atraídos por el desarrollo y progreso de la misma. Las disputas entre uno y otro, entre Reino Unido e Irlanda, parecen que acaban con la firma del Tratado Anglo Irlandés el 6 de diciembre de 1921, por el que se reconoce el Estado Libre de Irlanda o Irlanda del Norte, algo que dividió al IRA Original o Antiguo, reconocido como el ejército legítimo de la República de Irlanda. El bando que estuvo en contra de dicho tratado, al considerar Irlanda del Norte una creación del imperialismo británico, luchó hasta 1969, que es cuando desaparece el IRA Original o Antiguo y entra en acción el IRA Provisional, y se empiezan a levantar los primeros Muros de la Paz. Muros que se levantan en el oeste de Belfast, en barrios como los de Shankill y Gaeltacht, atravesados ambos por Shankill Road y Falls Road, respectivamente. En esta zona, alejada del centro urbano, cada calle está marcada por la identidad de sus residentes; los leales a la Corona británica y los que prefieren la independencia o inclusión en la República de Irlanda. Aunque en el centro de Belfast no se levantaron muros y los disturbios eran menos frecuentes, sí que sufrió los estragos de los atentados con bomba. En Belfast, aunque se viviera fuera de las áreas trabajadoras, donde el conflicto era latente, no se podía vivir al margen de lo que estaba ocurriendo a unas millas de distancia.

Lo que tienen en común las zonas en las que se levantaron estos muros de hormigón es el paro, la falta de oportunidades y la exclusión social. En esos páramos de la marginalidad, a la sombra de los Muros de la Paz, tuvieron lugar gran parte de los disturbios protagonizados por jóvenes abducidos de ambos bandos. Males endémicos que afectan por igual a protestantes y católicos residentes en el entorno de Shankill Road y Falls Road, así como en New Lodge y Tiger's Bay, por citar un puñado de zonas.

Shankill al noroeste de la ciudad de Belfast, en el que Shankill Road es su calle principal, es un barrio de clase obrera y predominantemente unionista, leal al Reino Unido, en el que ondean banderas inglesas y se suceden iglesias metodistas y presbiterianas y pubs. Algunos de esos pubs ya no existen, pubs frecuentados por bandas urbanas y paramilitares, como la UVF (siglas en inglés de las Fuerzas Voluntarias del Ulster) y la UDA (siglas en inglés de la Asociación de Defensa del Ulster), en los que planificaban ataques y festejaban los consumados. Muchas calles de este barrio llevan el nombre de lugares y personas belgas o de Flandes, que era donde se cultivaba el lino que después se tejía en Belfast, en concreto en esta zona. Una industria próspera, como la naval, que también se nutría de trabajadores de Shankill, hasta mediados del siglo XX, lo que derivó en una importante tasa de desempleo, uno de los motivos que volvió abrir viejas heridas y confluyó en el conflicto norirlandés.

Gaeltach es un barrio del oeste de Belfast, atravesado por Falls Road, una de esas calles cortadas por los Muros de la Paz, en el que se habla irlandés. Dialecto urbano que es en Belfast donde más se habla en toda Irlanda del Norte. En este barrio la bandera de Irlanda ondea más que la de Inglaterra y Reino Unido, omnipresente en el resto del Belfast. En Gaeltacht muchos de los carteles que indican los nombres de las calles lo hacen en inglés y en irlandés, así como los autobuses urbanos públicos anuncian las paradas en los dos idiomas.

Hoy, por ambos barrios, pasean turistas que no paran de fotografiar muros y murales en los que, dependiendo del lado de la calle en el que se esté, un hombre es un héroe o un terrorista. Hay loas al IRA, a sus miembros, a sus activistas, como Bobby Sands, fallecido durante una huelga de hambre que inició para, sin éxito, presionar al gobierno de Londres. También hay pinturas que honran y hacen memoria de las bandas y grupos paramilitares probritánicos. Hoy por estas calles, flanqueadas por muros de hormigón, que se cierran por la noche, rematados con alambradas, no hay disturbios, pero se tiene la sensación de que la sombra del conflicto es alargada. Con la firma del Acuerdo de Paz del Viernes Santo los unionistas preservaron su identidad británica en el Reino Unido, mientras que los nacionalistas pudieron afirmar su carácter irlandés. Una vaga sensación de unidad a la que los más jóvenes, los nacidos después de dicho acuerdo de paz, se aferran y se niegan a etiquetar a su entorno como católicos o protestantes. Volver al pasado no es una opción para los habitantes de Irlanda del Norte.

▼ La mejor manera de visitar los muros de la paz es a bordo de un *black cabs* o taxis negros.

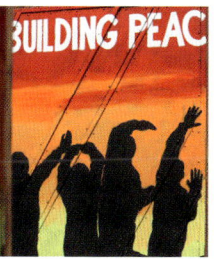

▌Cronología del conflicto de Irlanda del Norte

1609 Se instalan en la provincia del Ulster, en la isla de Irlanda, protestantes leales a la corona británica.

1690 Batalla de Boyne. El 12 de julio tiene lugar esta contienda en el que protestante Guillermo de Orange venció al católico Jaime II. Esto hizo que se afianzara el dominio británico y protestante en Irlanda.

Finales del S. XVII-XVIII Las leyes penales discriminaban y perseguían a los católicos.

Siglo XVIII Comienza la construcción de barcos en Irlanda. Una industria que se asentó primero en la isla de Dargan, en honor al ingeniero que la ideó, William Dargan. En 1849 se bautizó con el nombre de la isla de la Reina, después de una visita de la Reina Victoria a Belfast en ese mismo año.

1800 Empiezan las tensiones entre los vecinos de Shankill Road, protestantes, y los de Falls Road, católicos.

1866 En el contexto de la batalla de Ridgeway, (Canadá), entre un ejército local contra uno invasor formado por irlandeses y americanos, los Fenians, surge la denominación de Ejército Republicano Irlandés (IRA). Feniano es un término en uso desde 1850 para referirse a los nacionalistas irlandeses que estaban en contra del dominio británico sobre Irlanda.

1872 El Parlamento de Grattan aprueba la que se conoce como "Constitución de 1782". Henry Grattan fue un miembro de la Cámara Irlandesa de los Comunes y un defensor de la libertad legislativa del Parlamento Irlandés. Se opuso al Acta de Unión que fusionaba los reinos de Irlanda y Gran Bretaña.

1888 La reina Victoria le concede a Belfast la condición de ciudad.

1908 Parte de la población protestante y unionista empieza a pintar murales conmemorativos de hazañas consumadas por su bando.

1914 El Gobierno del Reino Unido atendió la antigua exigencia de los nacionalistas irlandeses de un gobierno autónomo, pero con dos condiciones: que no se proclamase hasta después de la I GM y que los seis condados norteños quedasen tem-

poralmente excluidos del control local del Parlamento de Dublín. Una autonomía que supo a poco a una minoría que se manifestó en el Alzamiento de Pascua de 1916 contra el gobierno británico en Dublín.

1915 En Dublín, durante el funeral de Jeremiah O´Donovan Rossa, miembro de la Hermandad Republicana Irlandesa, conocida como los Fenianos, el líder revolucionario Patrick Pearse dijo que "La vida brota de la muerte, y de las tumbas de los patriotas, hombres y mujeres, brotan las naciones vivas". Un discurso clave en el Alzamiento de Pascua de 1916.

1916 Alzamiento de Pascua. Los republicanos irlandeses se alzan contra la autoridad británica que gobernaba en Irlanda del Norte para conseguir la independencia respecto del Reino Unido. Un acto clave en el devenir del republicanismo y nacionalismo irlandés, que habían aceptado, hasta ahora, a Irlanda del Norte como una autonomía limitada bajo la Corona británica. Los supervivientes republicanos, bajo el liderazgo de Éamon de Valera, se hicieron con el control del Sinn Féin, hecho que condujo a una crisis de objetivos en 1917.

1919-1921 Guerra de Independencia de Irlanda entre el Ejército Republicano Irlandés (IRA) contra el ejército del Gobierno Británico en Irlanda.

1921 El 6 de diciembre de se firma el Tratado anglo irlandés. El IRA Original o Antiguo (1919-1922) es reconocido como el ejército legítimo de la República de Irlanda. Un ejército dividido en fuerzas protratado y las antitratado. Este último bando perdió la guerra civil y se negó a reconocer el Estado Libre de Irlanda o Irlanda del Norte al considerarlo una creación del imperialismo británico. Luchó hasta 1969, que es cuando desaparece el IRA Original o Antiguo y entra en acción el IRA Provisional.

1969 Deja de luchar el IRA (Ejército Republicano Irlandés) y se constituye el bando del IRA Provisional. Se levanta el primer muro de la paz en la ciudad de Belfast. Una solución temporal y vaga para tratar de evitar problemas. La mayoría de estos muros de paz se levantaron a partir de 1994, cuando el IRA declaró un alto el fuego.

Entre 1970 y 1975 Unos 300 comercios son destruidos en el centro de Belfast como consecuencias de los altercados que se suceden durante las denominados "The Troubles", en español el conflicto.

30 de enero 1972 Domingo Sangriento. Durante una manifestación pacífica en Bogside, un barrio católico de Derry (para los proirlandeses) y Londonderry (para los leales a la corona británica), miembros del Regimiento de Paracaidistas del Ejército Británico dispararon contra los manifestantes, matando a trece personas e hiriendo a quince. En 2010, tras varias investigaciones llevadas a cabo, el primer ministro británico, David Cameron, pidió disculpas a los familiares de las víctimas en nombre del gobierno y de la nación. Sin embargo, a día de hoy, ninguno de los soldados que disparó y mató a esas personas ha sido procesado.

1981 Muere Bobby Sands, símbolo del bando republicano que luchó contra el ejército británico en la prisión de Maze, tras declararse en huelga de hambre. La primera ministra, Margaret Thatcher, en ninguna ocasión cedió a las presiones de conceder la condición de presos políticos ni a los miembros del IRA ni a los afines a la causa independentista y republicana.

1994 El Ejército Republicano Irlandés (IRA) declara un alto el fuego. Seis semanas después hicieron lo propio los paramilitares unionistas. En ese contexto el Primer Ministro inglés, John Mayor accede a dialogar con Gerry Adams, líder del Sinn Féin, el brazo político del IRA. Sin embargo, pronto ambos bandos armados volvieron a perpetrar atentados.

1995 El presidente de los EE.UU, Bill Clinton, y la Primera Dama, Hillary Clinton, visitan Belfast en el contexto del alto al fuego.

10 de abril de 1998 Acuerdo de Viernes Santo, firmando en Stormont, Belfast, por la mayoría de los partidos políticos norirlandeses, para poner fin al conflicto de Irlanda del Norte. Un acuerdo que también fue aprobado por el pueblo norirlandés y la República de Irlanda mediante un referéndum. El SÍ a los acuerdos de paz implicó, entre otras cosas, la liberación de presos de ambos bandos que habían cometido asesinatos. Un acuerdo que trajo la paz, pero que no acabó con décadas de odio y el resentimiento. Un grupúsculo del IRA, contrarios a los acuerdos de paz del Viernes Santo, formaron el denominado Nuevo IRA.

1998 David Trimble, líder del Partido Unionista del Ulster, principal fuerza política de Irlanda del Norte, y John Hume, líder del católico Partido Socialdemócrata y Laborista, el segundo partido en importancia en el Ulster, y mediador e impulsor de la participación de los Estados Unidos en la búsqueda de la paz en Irlanda del Norte, recibieron el Premio Nobel de la Paz "por sus esfuerzos para encontrar una solución pacífica al conflicto en Irlanda del Norte", según el Comité Noruego del Nobel.

28 de julio de 2005 El IRA Provisional, fundado en 1969, anuncia el cese de la lucha armada.

2017 Vuelve cierta tensión entre Irlanda e Irlanda del Norte al establecerse de nuevo la frontera por el Brexit. La única frontera terrestre (500 km) que comparten Reino Unido y Europa. Frontera que se volvió invisible gracias a los Acuerdos de Paz del Viernes Santo de 1998. Para solucionarlo se aplica lo que se conoce como el Protocolo de Irlanda del Norte, una vía que trata que no afecte a los Acuerdos de Paz del Viernes Santo. De esta manera la inspección y verificación de documentos se realiza entre Gran Bretaña e Irlanda del Norte, en vez de entre la República de Irlanda e Irlanda del Norte. Así, en el norte se siguen las normas de la Unión Europea en materia de productos, a pesar de ya no estar en Europa.

2018 El Nuevo IRA, escisión del IRA formada por disidentes del IRA Provisional, sigue activo e intenta perpetrar varios atentados con bombas y armas de fuego, además de asesinar a dos funcionarios de prisiones. Para el Nuevo IRA los disidentes son los otros, los que abandonaron la causa del republicanismo y el sueño de una Irlanda unida.

Burren Way 16

4

En Burren Way 16, en el lado este de Belfast, creció y vivió George Best hasta los 15 años. A esa edad fichó por el Manchester United, aunque siempre que podía regresaba a su ciudad, donde siempre le siguieron y le admiraron. Falleció en 2005 a los 59 años como consecuencia de una serie de enfermedades derivadas de su alcoholismo. La huella de su recuerdo es indeleble y en Belfast se puede recorrer la geografía urbana y emocional de un adolescente George. El chico que acabó por convertirse en Best, uno de los mejores jugadores de fútbol de todos los tiempos.

Info

Ruta George Best por Belfast

🕐 52D1/Desplegable.

🌐 www.visiteastside.com

ℹ️ Zona centro: Hotel Europa y el Ulster Sports Club est 1927.

ℹ️ Zona este: Donard Street, Colegio de Primaria de Nettlefield, iglesia presbiteriana Ravenhill, Malone Rugby Club, Oval (Estadio del Glentoran), Heladería Desano y Spences Fishs and Chips (Beersbridge Road). Un poco más retirado, pero sin salir del este de la ciudad, se encuentra Stormont, sede de la Asamblea de Irlanda del Norte y el Cementerio Roselawn (Ballygowan Road, en la colina de Castlereagh).

ℹ️ Zona oeste: Colegio de Secundaria Grosvenor y la escultura de George Best junto al Estadio Nacional Windsor Park.

El 22 de mayo de 1946 nació George Best. Un tipo que lo hizo todo mucho antes del minuto noventa. A los 15 años fichó por el Manchester United y se tuvo que ir de su Belfast natal. A los 17 años debutó con el primer equipo del United. A los 22 era la estrella del fútbol de la década de los sesenta, modelo y empresario. A los 26 ya estaba en pleno declive, aunque se retiró a los treinta y muchos. El 25 de noviembre de 2005 murió en el londinense Hospital Cromwell a la edad de 59 años.

De niño George corría y practicaba su fútbol alrededor del campo en el que al mismo tiempo su madre jugaba al hockey en el Malone Rugby Club. De su madre heredó la habilidad, destreza que Best ejecutó con arte. La afición por el fútbol le viene de su padre y de su abuelo, con quienes iba a ver jugar al Glentoran al estadio del **Oval** (Mersey Street). Desde la grada sur de este estadio que cruje, con arrugas y cicatrices, se ven las grúas pórtico amarillas, Samson y Goliath, de Harland & Wolff, la naviera que construyó el Titanic en los muelles de la Isla de la Reina, en la desembocadura del río Lagan, a principios del siglo xx, y en la que trabajó como operador de torno el padre de George Best, quien también jugó al fútbol en ligas menores hasta los 37 años. A su hijo no le pudo ver jugar en un equipo local porque el Glentoran Football Club desestimó el fichaje de un quinceañero George por pequeño y flaco. La única vez que jugó con la camiseta de dicho equipo fue el 14 de agosto de 1982, en un partido amistoso para celebrar el centenario del club contra el Manchester United. Los mancunianos ganaron 0-2, pero su gran victoria fue el fichaje de George Best en 1961. Una operación que se llevó a cabo gracias al agente **Bob Bishop,** quien les dijo a los dirigentes del club inglés que creía haber encontrado un genio. Le creyeron y le esperaron, porque hasta 1963 no debutó

▲ Estadio del Glentoran, más conocido como The Oval, en Belfast.

con el primer equipo. George tenía 17 años y con él, junto con Denis Law y Bobby Charlton, la *Trinidad* del United, volvió la esperanza a Old Trafford, al Teatro de los sueños. En 1958 gran parte de la plantilla del Manchester United había fallecido en un accidente aéreo en Múnich. Con el United jugó 490 partidos y metió 179 goles entre 1963 y 1974; ganó ligas inglesas, una Copa de Europa y un Balón de Oro, entre otros. Fueron los mejores años de su vida.

Antes de todo esto, en el **Colegio de Primaria Nettlefield,** centro en el que, además de jugar al fútbol con lo que le cayera a sus pies, en la posguerra de la II Guerra Mundial no abundaban los balones de fútbol, George destacó como estudiante. Tanto que le becó para ir al **Colegio de Secundaria Grosvenor.** Un cambio grande para el chico, quien tuvo que salir del este de Belfast e ir al oeste y cambiar el fútbol por el rugbi. El experimento no salió bien y pronto regresó al este de Belfast, al **Colegio de Secundaria Lisnasharragh.** A pesar de dedicar muchas horas al día al fútbol, los fines de semana iba al cine **Ambassador** a ver películas como *El Zorro y Espartaco.* En la actualidad este cine, que estaba dentro de un edificio *Art déco* de 1936, ya no existe. Los helados que le gustaban eran los de la heladería italiana **Desano,** que sigue abierta, aunque se ha reformado y el local ya no es el mismo que frecuentaba George. El domingo era el día del oficio religioso, en la **iglesia presbiteriana Ravenhill.**

George Best decía que a un niño se le puede enseñar ciertos aspectos del juego, pero no a jugar al

• • • • • • • •

Heladería Desano
✉ 344 Newtownards Road.

Hotel Europa
🕐 52D1.
✉ Great Victoria Street.

Ulster Sport Club
🕐 52B2.
✉ High Street.

Casa George Best
🏠 www.georgebesthouse.com

▲ Casa de George Best en Burren Way 16.

fútbol, eso está dentro de uno. A Best, de haber ido a escuelas de fútbol como las del Ajax y/o del Barça, le hubiera afectado más a su manera de jugar y de entender el fútbol que el alcohol. Como el que consumió y disfrutó en el **Hotel Europa** y en el **Ulster Sport Club,** entre otros pubs. Lugares que hoy le honran con fotografías, dibujos y anécdotas contadas por quienes le vieron y le trataron, por quienes le escondieron y le sirvieron sus consumiciones. De su alcoholismo trató de recuperarse en una casa situada entre las localidades de la costa este de **Ballywalter** y **Ballyhalbert,** aunque se escapaba al bar de la vecina **Portavogie.**

George era fruto de la calle, una flor silvestre entre esos adoquines que tanto se lanzaron unos y otros en Belfast durante un tiempo. Si Maradona es Villa Fiorito, George comenzó a ser Best en **Donard Street.** En esa calle, en la que vivió hasta los dos años, se le tomó una foto en la que aparece un George con catorce meses en la que se le ve adoptando una postura que destila destreza, técnica y equilibrio. De la casa de Donard Street se mudó con su familia a la de **Burren Way 16,** una casa adosada de ladrillo y de dos alturas en un barrio de clase obrera del este de Belfast, en la que vivió hasta que se fue a Manchester. Un casa que durante mucho tiempo estuvo asediada por la prensa y a la que Best tenía que entrar o salir por la parte de atrás. Hoy esta casa es un alojamiento turístico de tres habitaciones, con una bañera y un aseo separado en dos espacios, salón, cocina y jardín delantero y trasero, comunicados ambos por un pasillo con aspecto de un túnel de acceso a un campo de fútbol en el que en la pared hay escrita una cronología con los principales hitos deportivos de Best. No faltan fotos, libros, revistas y periódicos en los que es el protagonista. Como lo es dentro del local **Spences Fishs and Chips.** Un negocio especializado en *fishs and chips* desde 1921 que al traspasar el umbral de la puerta uno entra en la década de los sesenta y setenta. Un local de suelo ajedrezado de tonos marrones sobre el que hay mesas alargadas y estrechas entre bancos de madera de color azul. Las paredes del mismo están forradas con el menú de la casa, con fotografías y camisetas de George Best. Orgullo y fuente de inspiración para mucha gente de Belfast. Ciudad que le acompañó en masa el día de su funeral.

El 3 de diciembre de 2005, a pesar de la lluvia torrencial que caía, se congregaron miles de personas en las calles para presentar sus respetos y despedirse de su querido chico de Belfast. El recorrido del cortejo fúnebre arrancó en el domicilio familiar, en Burren Way 16. El jardín y los setos que la rodeaban se cubrieron de flores, camisetas, bufandas, banderas y fotografías depositadas por aficionados y admiradores. De ahí se trasladó su cuerpo hasta **Stormont**, sede de la Asamblea de Irlanda del Norte, a unos 5 km de distancia en dirección este, pasando por Cregagh Road, Upper Knockbreda Road, Knock Road, Upper Newtownards Road y Stoney Road. Al servicio funerario acudieron unas trescientas personas. El entierro, en cambio, en el periférico **Cementerio de Roselawn,** fue una ceremonia íntima. El día después miles de personas visitaron su tumba y se cubrió de ramos y coronas de flores enviadas por gente anónima y personalidades de todos los ámbitos. Hoy la lápida de mármol negro de George Best, junto a la de sus padres, Anne y Richard, aunque la visita menos gente, no le faltan ramos. Otra cosa es dar con su ubicación en este cementerio ajardinado por el que circulan coches.

Un año después de su fallecimiento, el Banco del Ulster emitió un **billete de 5 libras** en su honor para aficionados y coleccionistas. En el centro del mismo hay un retrato suyo con la camiseta verde de la selección de Irlanda del Norte, flanqueado por dos imágenes; en una está vestido con la indumentaria del Manchester United, haciendo un remate acrobático, en la otra viste con la indumentaria norirlandesa, lleva el balón pegado al pie en una pose típica suya que también se ha reproducido en una **escultura a los pies del Estadio Nacional Windsor Park**, en el oeste de la ciudad. Con la selección de Irlanda del Norte se quedó a las puertas de jugar el Mundial de Fútbol de España en 1982, pero por su mal estado de forma física no fue convocado.

Por diferentes zonas de la ciudad hay murales en los que aparece George Best, como en **Cappagh Gardens**, muy cerca del campo de juego de **Cregagh** (al lado de Burren Way 16), en el **Centro de Visitantes del Lado Este** y en la calle Bythe. En todos ellos Best sonríe de manera traviesa, luce pelo largo, patillas abultadas, viste una camiseta de manga larga roja del United o la verde de Irlanda del Norte, siempre por fuera del pantalón corto, y calza unas botas negras pegadas a un balón. Murales que transmiten su fotogenia, carisma, habilidad y equilibrio, además de la imagen de un mod. Por su atractivo y glamour la prensa le apodó "el Quinto Beatle".

¿Sabías que...?

El mejor es la autobiografía que escribió junto con el periodista deportivo Roy Collins, publicada en castellano por la editorial Contra https://editorialcontra. com/producto/el-mejor/ Biografías no autorizadas y otros libros sobre Best hay muchos.

Don Fardon le compuso una canción www.youtube.com/ watch?v=XemxPtm70wM

· · · · · · · · ·

Centro de Visitantes del Lado Este

✉ 402 Newtonards Road.

🌐 www.visiteastside.com

▲ Tumba de Best en el Cementerio de Roselawn.

Visita a Belfast

La **esencia** de **Belfast**

En el puerto de Belfast desemboca el río Lagan, que atraviesa la ciudad de sur a norte. La mayoría de lugares de interés turístico se encuentran en el lado oeste, como los barrios de la Catedral, del Lino, de la Reina. El barrio Titanic se encuentra en la Isla de la Reina, en la desembocadura del río Lagan. Al oeste se encuentran los barrios Shankill y Gaeltacht, donde se levantaron los Muros de la Paz, y en el lado este se encuentran los lugares que frecuentaron algunos de sus vecinos más célebres; el escritor C. S. Lewis, el músico Van Morrison y el futbolista George Best.

▌Visita a Belfast

El centro de Belfast se puede visitar andando. Las visitas al lado este y al oeste, donde se encuentran los Muros de la Paz, lo mejor es tomar un taxi hasta ellos. Al barrio Titanic se puede llegar desde el centro andando o en transporte público. Todo depende del tiempo disponible y de las ganas que se tenga o no de caminar. Que es la mejor manera de ver una ciudad, un pueblo y/o un paisaje.

Oficina de Turismo
- 9 Donegall Square, Belfast BT1 5GB, Co. Antrim.
- (+44) (28) 9024 6609.
- https://visitbelfast.com

▼ Vista aérea de Belfast.

BELFAST

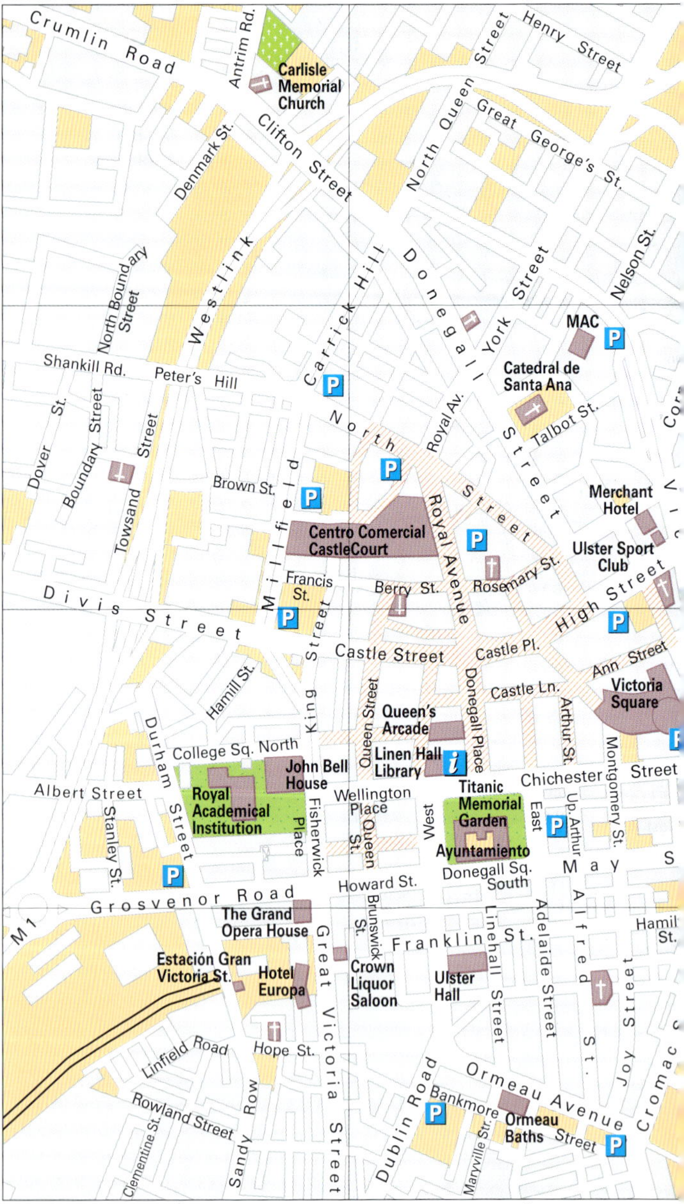

Map labels:

Crumlin Road

Antrim Rd.

Carlisle Memorial Church

Clifton Street

Henry Street

North Queen Street

Great George's St.

Denmark St.

Westlink

North Boundary Street

Carrick Hill

Donegall Street

York Street

Nelson St.

MAC

Shankill Rd.

Peter's Hill

Dover St.

Boundary Street

Towsand Street

Millfield

Brown St.

North Street

Royal Av.

Catedral de Santa Ana

Talbot St.

Merchant Hotel

Ulster Sport Club

Centro Comercial CastleCourt

Royal Avenue

Francis St.

Berry St.

Rosemary St.

Divis Street

High Street

Castle Street

Castle Pl.

Castle Ln.

Ann Street

Victoria Square

Hamill St.

King Street

Queen Street

Donegall Place

Castle St.

Arthur St.

Montgomery St.

Durham Street

College Sq. North

Albert Street

Stanley St.

Royal Academical Institution

John Bell House

Fisherwick Place

Queen's Arcade

Linen Hall Library

Wellington Place

West

Up Arthur St.

Chichester Street

Titanic Memorial Garden

Ayuntamiento

Donegall Sq. South

May

Grosvenor Road

Howard St.

Brunswick St.

Adelaide Street

Alfred

Hamil St.

M1

The Grand Opera House

Great Victoria Street

Franklin St.

Linenhall St.

Estación Gran Victoria St.

Hotel Europa

Crown Liquor Saloon

Ulster Hall

Linfield Road

Hope St.

Dublin Road

Ormeau Avenue

Joy Street

Cromac

Rowland Street

Sandy Row

Clementine Street

Bankmore Str.

Maryville Str.

Ormeau Baths

Street

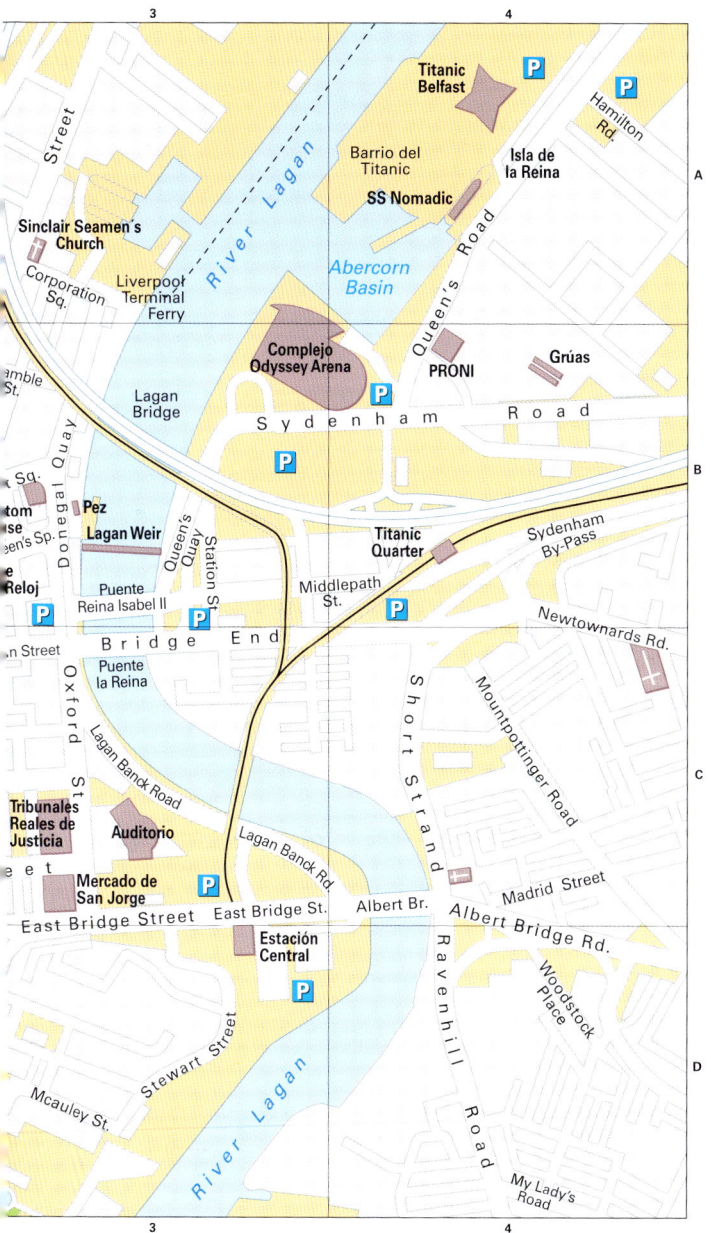

❚ Centro

En el centro urbano de Belfast están algunos de los edificios más emblemáticos de la ciudad, como el Ayuntamiento y el mercado de San Jorge. También es la principal zona comercial de la capital norirlandesa, aquí se encuentran el centro comercial Victoria Square, la galería comercial de la Reina (Queen´s Arcade), Donegall Place y Royal Avenue, sitios en los que es posible comprar y hacer turismo a la vez. A todos estos lugares se suma el Centro de Bienvenida Visit Belfast, de gran ayuda para los turistas.

❚ AYUNTAMIENTO ★★★

Una vez que la reina Victoria le concedidó a Belfast el estatus de ciudad en 1886 se planificó la construcción de un edificio acorde a esa nueva condición. El Ayuntamiento de Belfast (City Hall) se inauguró en 1906, en un momento prosperidad económica y desarrollo industrial. El imponente edificio de piedra y de estilo neobarroco que aloja el Ayuntamiento es obra del arquitecto Alfred Brummwell Thompson. Los acabados interiores de la casa consistorial son muy similares a los que tuvieron los salones y camarotes de primera clase del Titanic. Parte del Ayuntamiento se puede

· · · · · · · · ·

- ◔ 52C2.
- ✉ Donegall Square, BT1 5GS.
- ◉ Visitas guiadas: L-V, 11 h, 14 h y 15 h. Fines de semana, 12 h, 14 h y 15 h.
- 🖴 Gratuito previa reserva.
- 🖰 www.belfastcity.gov.uk/tours

▶ La fachada neobarroca del ayuntamiento de Belfast es absolutamente impresionante.

ver por dentro sumándose a las visitas guiadas que organiza el propio consistorio. En dicho recorrido es posible contemplar parte de la colección de vidrieras, la Gran Escalera, la Escalera Este, algunas habitaciones principales y la Cámara del Consejo, espacios todos ellos originales y que hacen parte del edificio de 1906.

TITANIC MEMORIAL GARDEN

Junto al Ayuntamiento se encuentra el Titanic Memorial Garden. Un jardín inaugurado el 15 de abril de 2012, con motivo del centenario del hundimiento del transatlántico construido en los astilleros de Belfast. Dicho jardín consta de dos niveles. En el superior hay un pedestal con el nombre de las 1.512 personas que murieron como consecuencia del hundimiento del Titanic, en el inferior hay un jardín que rodea dicho pedestal.

LINEN HALL LIBRARY ✶✶

Se trata de la biblioteca más antigua de Belfast. Se fundó en 1788 y se aloja en un edificio victoriano. Entre sus fondos destaca una colección de libros de los orígenes de Belfast y el Ulster. El libro más antiguo de la biblioteca data de 1490. Se trata *De Anima,* sobre la salud y el bienestar, escrito por un médico oriental. En la biblioteca también hay una copia de la primera edición del *Ulises* de Joyce y la primera

▲ Titanic Memorial Garden.

● ● ● ● ● ● ● ● ●

🕐 52C2.

● ● ● ● ● ● ● ● ●

🕐 52C2.
✉ 17 Donegall Square North.
🕐 L-V: de 9.30 h a 17.30 h. Fines de semana cerrado.
💷 Gratuito pero agradecen que los visitantes hagan una pequeña donación.
🌐 www.linenhall.com

impresión de la Declaración de Independencia de los Estados Unidos fuera de América. Más actual es el fondo de 250.000 artículos de la Colección Política de Irlanda del Norte, lo que constituye un importante archivo sobre el conflicto entre los partidarios de seguir siendo parte del Reino Unido y los que ansían hacer parte de la República de Irlanda, lo que en inglés se conoce como los "Troubles". Menos dramático es el Archivo de Teatro y Artes Escénicas de Irlanda del Norte, una colección única que refleja el rico patrimonio cultural. Esta biblioteca, por otro lado, es un centro de vida cultural y creativa por medio de los diferentes eventos que se organizan en la misma.

I DONEGALL PLACE Y ROYAL AVENUE (▶92)

⊘ 52B-C2.

Una calle histórica y comercial que arranca o da a parar el Ayuntamiento de Belfast y flanqueada en su lado este por ocho mástiles. Mástiles que representan a los ochos grandes barcos que se construyeron en los astilleros de la Isla de la Reina. Entre esos barcos se encuentra el Titanic y sus gemelos, Olympic, Britanic y Nomadic, los más famosos de todos ellos. Es la manera que tiene la ciudad de honrar y hacer memoria con su pasado ligado a la construcción de barcos y a sus trabajadores.

Royal Avenue está unida a Donegall Place. Es otra calle céntrica y comercial, en la que además de tiendas se ubica el centro comercial CastleCourt.

I MERCADO DE SAN JORGE (▶92) ✶✶

⊘ 53C3.
✉ 12-20 East Bridge Street, BT1 3NQ.
⊘ V: 8 h-14 h. S: 9 h-15 h. D: 10 h-15 h.
◐ www.belfastcity.gov.uk/stgeorgesmarket

Este mercado de estilo victoriano es una de las principales atracciones turísticas de Belfast y también uno de los mercados más antiguos del Reino Unido y de Irlanda. Entre 1890 y 1896 se construyó lo que hoy es el mercado de San Jorge. Antes, desde 1604 en aquel lugar se celebraba lo que se conocía como el mercado del Viernes. En la actualidad dicho mercado se abre los viernes, sábados y domingos, y en el mismo se pueden comprar productos frescos y/o consumirlos in situ, acompañados de una cerveza local, mientras se disfruta de una actuación musical en vivo. Además de comida y bebida, se venden plantas, artesanías, cerámica, fotografías y trabajos realizados con metales.

I VICTORIA SQUARE (▶92) ✶

▲ Victoria Square es el centro comercial más moderno de Belfast.

Centro comercial ubicado en el centro de la ciudad de Belfast y principal destino de compras en Irlanda del Norte. Además de tiendas, restaurantes y salas de cine, el centro comercial Victoria Square es fácil de divisar desde el exterior gracias a la gran cúpula que

lo remata. Cúpula a la que se puede subir y desde la que es posible contemplar una vista panorámica de Belfast de 360 grados, vista que incluye, además de la ciudad, el río Lagan y las montañas Mourne.

▲ La cúpula de cristal del centro comercial Victoria Square ofrece una vista panorámica de 360º de la ciudad de Belfast.

GALERÍA COMERCIAL DE LA REINA
(QUEEN´S ARCADE) (▶92) ✱

La galería comercial de la Reina, más que una amenaza para las carteras de los potenciales compradores en alguna de las tiendas de lujo que se suceden en la misma, es un deleite para la vista. Una obra arquitectónica de estilo victoriano construida en 1880. Después de muchos años de restauración en 2019 se volvió abrir al público, conservando la grandeza que luce desde el siglo XIX.

🆔 52C2.
✉️ Acceso por Donegall Place y/o por Fountain St.
🕐 L-S: 9 h a 20 h.
🌐 www.queensarcadebelfast.com

TORRE DEL RELOJ
(ALBERT MEMORIAL CLOCK) ✱ ✱

🆔 52B2.

Uno de los edificios más emblemáticos de Belfast, conocido como el "Big Ben" de Belfast. Esta torre se terminó en 1869 en honor al marido de la Reina Victoria, el príncipe Alberto. Con 133 m de altura fue erigida sobre terrenos pantanosos lo cual ha provocado con el paso de los años se haya ido inclinando ligeramente y haya tenido que ser restaurada en numerosas ocasiones. Los locales la conocen como «la pequeña Pisa».

Barrio de la Catedral

El barrio en cuestión adopta el nombre de la catedral de San Ana, al norte del centro de la ciudad. Se trata de un barrio histórico y comercial, en el que conviven edificios antiguos y construcciones nuevas, como la plaza de Santa Ana, en la que se encuentra el Centro de Arte Metropolitano. Mas escondidos están esos pasadizos denominados *entries,* en los que se suceden pubs, restaurantes y locales de música. Un entramado laberíntico con mucho encanto en el que se conserva parte de la historia de esta ciudad. Dentro del barrio de la Catedral se encuentran los principales bares de gays, como lo son The Maverick y Kremlin. Una zona en la que también es donde se celebra el Orgullo.

▮ CATEDRAL DE SANTA ANA ******

El lugar que ocupa la catedral de Santa Ana (St. Anne's Cathedral) en el pasado lo hizo una pequeña iglesia que regaló Lord Donegall a Belfast. Cuando la iglesia se consagró recibió el nombre de Santa Ana, la mujer de Lord Donegall se llamaba Ana. En 1899 se comenzó a construir esta catedral de estilo románico, con forma de basílica y en torno a la antigua iglesia de Santa Ana, de la que solo se conserva la que se denomina como Ventana del Buen Samaritano. Por dentro, como ocurre en todos los templos

- 🔳 52B2.
- ✉ Donegall Street, BT1 2 HB.
- 🕐 L-V: 10.30 h-16 h. S: cerrado. D: 11 h misa.
- 💳 £ 2-5.
- 🌐 www.belfastcathedral.org

▼ Catedral de Santa Ana.

◀ Merchant Hotel.

religiosos, la decoración es estética y simbolista. Así, por ejemplo, cada uno de los robustos pilares que hay en el interior representan un aspecto de la vida de Irlanda del Norte: la ciencia, la industria del lino, la agricultura, la música, la teología, la construcción naval, la feminidad, etc. Por otro lado, las medias columnas personifican, como si de los puntos cardinales se trataran, las virtudes del coraje, la justicia, la templanza y la sabiduría. Sobre la puerta oeste hay un recuerdo a los miembros del coro que perdieron la vida en la I Guerra Mundial.

▮ CENTRO DE ARTE METROPOLITANO (MAC) **★★**

El Centro de Arte Metropolitano (Metropolitan Arts Centre) es un espacio de creación y mezcla. Un centro cultural en el que tienen cabida la música, el teatro, la danza y el arte en general. En su interior se celebran exposiciones artísticas, obras experimentales y un gran número de actividades culturales de toda índole. Dentro del MAC hay dos teatros, de 350 y 120 asientos cada uno, tres galerías de arte, un espacio de ensayo, un estudio de danza, tres salas en los que se organizan talleres y un estudio de artistas en residencia. En el MAC hay expuesta una única obra de manera permanente, una escultura de 400 cables metálicos en el vestíbulo principal del centro. Una obra de artista irlandés Mark Garry que refleja la inutilidad de la violencia, así como las esperanzas y las aspiraciones de los jóvenes.

🕒 52B2.
✉ 10 Exchange Street West.
🕐 Visita: M-D: 9 h-17 h.
    Galerías: 11 h-17 h.
🔗 https://themaclive.com

▮ MERCHANT HOTEL **★**

Histórico edificio de la ciudad de Belfast en el que si uno no se puede alojar en el mismo y pasar la noche puede contemplarlo desde el exterior. La apertura al público del hotel que aloja este espléndido edificio ha revitalizado la zona y sus alrededores.

🕒 52B2.
✉ 16 Skipper Street.
🔗 www.themerchanthotel.com

▮ LOS *ENTRIES* **★★★** (▶34)

Barrio del Titanic

Lo que hoy es el barrio Titanic (Titanic Quarter) a finales del siglo xix y principios del xx fue un enorme astillero en la Isla de la Reina, en la desembocadura del río Lagan. Tan grande que en los mismos se construyeron el Titanic y sus transatlánticos gemelos. De aquella industria naval que hizo que Belfast prosperara y se desarrollara económicamente en la actualidad solo quedan recuerdos. Es un barrio que hace memoria por su nombre y por medio de la conservación de algunas de aquellas esplendorosas infraestructuras; como las bañeras en las que se construían los barcos, la oficina en la que ingenieros y diseñadores concebían los grandes barcos que se construían en los astilleros de al lado (actualmente es el Hotel Titanic) y las enormes grúas amarillas con el sello de Harland & Wolff y bautizadas con los nombres de Goliath y Samson. De nueva construcción son los Titanic Studios, en los que se han grabado capítulos de la serie *Juego de Tronos*, y el complejo multiusos **Odyssey**, donde se juegan competiciones deportivas y se celebran conciertos. El Barrio Titanic se puede recorrer caminando y/o en bicicleta siguiendo la denominada Milla Marítima *(Maritime Mile).*

I LA CUNA DEL TITANIC (▶ 30)   ✱✱✱

▼ El Museo del Titanic se erige en el muelle exacto en el que fue construido el transatlántico.

• • • • • • • • •

🕓 53A4.

✉ 1 Olympic Way, Queen's Road, Belfast BT3 9EP.

☎ +44 (0) 28 9076 6386.

🕐 Marzo, nov-dic: 10 h-17 h. Abril-mayo, sept-oct: 9 h-18 h. Junio-agosto: 9 h-19 h. Enero y febrero cerrado.

💷 £ 24,95 (conviene reservar).

🌐 www.titanicbelfast.com

......
- Estación de bombeo, junto al dique seco Thompson, en Queens Road, al norte del barrio Titanic.
- Hay que reservar día y hora de la visita vía internet. Existen varios recorridos.
- A partir de £ 10/11 € el recorrido más económico.
- www.titanicdistillers.com

▮ DESTILERÍA TITANIC ✳

Lo que en el pasado fue una estación de bombeo y el anexo **dique seco Thompson**, donde se albergaron los gigantescos transatlánticos White Star, Olympic y Titanic, en la actualidad es la destilería Titanic. Junto a estas dos instalaciones se encuentra el **dique seco Alexandra**. Los dos diques y la **sala de bombas**, además de ser patrimonio industrial, conservan la memoria de la historia del Titanic. Las medidas del dique Thompson, 259 m de largo y 30 de ancho, dan una idea a quien lo contempla de la enormidad del Titanic. Dicho dique se llenaba de agua gracias a la estación de bombeo, lo que permitía introducir el Titanic y seguir con los trabajos de construcción del mismo. El edificio que alberga las máquinas que bombeaban agua es una construcción de arquitectura victoriana; con ladrillos rojos, una fachada color crema, grandes ventanas en arco y rematada con una torre del reloj.

La construcción naval es parte de la ADN de la ciudad Belfast, como también lo fue y es elaborar y beber whisky. Construir barcos era un trabajo duro y peligroso, la recompensa que les esperaba al final de cada jornada a los obreros de manos callosas era un trago de whisky. A los visitantes de esta destilería al final de un recorrido por la misma en la que se les cuenta la historia del lugar, el proceso de elaboración y algunas sopresas más, se le obsequía con una cata de Whisky.

▲ Antigua estación de bombeo, en la actualidad instalaciones de la Destilería Titanic.

El Titanic

El Titanic por fuera era como una catedral. La historia de su construcción fue triunfal y trágica. Verlo construir debió ser un espectáculo. Los trabajadores tardaban varias semanas en saber dónde se encontraba cada cosa, cada taller, cada herramienta. Había carpinteros, artesanos, candeleros, pintores, etc. Se aprendía mucho trabajando, aunque también era peligroso (se podía acabar sordo en el trabajo). Había que andarse con ojo cuando se colocaban las cuadernas, el esqueleto del barco. Después se formaba el casco, remachándolo con unas planchas de metal de cuatro toneladas de peso, sobre la parte exterior de las cuadernas. También se construían los motores de triple expansión, tan altos como una casa de tres plantas. Y por dentro el Titanic era un palacio. Tenía piscina, gimnasio y pista de squash. Unos pocos podían disfrutar del restaurante de abordo. También había salones con sofás de terciopelo, se podía jugar a las cartas en el salón de fumar e, incluso, ir al barbero de a bordo para que los hombres se afeitasen. El propio barbero vendía productos de recuerdo. A todo esto hay que sumar el telégrafo inalámbrico de Marconi que había a bordo, una revolución de las telecomunicaciones de la época.

El lujo era inherente al barco, estaba pensado para el disfrute de todo el pasaje del Titanic. Un pasaje compuesto por aristócratas que viajaban por diversión, hombres de negocios que viajaban por trabajo, familias pudientes de toda Europa que deseaban ir a América en busca de una nueva vida. Había camarotes de primera, segunda y tercera clase. En el Museo del Titanic hay una réplica de cada uno de ellos. El de primera es de estilo holandés (aunque también los había de estilo renacentista, georgiano, Imperio, Regencia o Luis XV), de roble tallado, a juego con el artesonado de las paredes. Todos tenían calefacción y servicio de mayordomo. El camarote de segunda clase, comparado con los estándares de hoy en día era bastante espectacular. Equivalía a un camarote de primera clase en muchos otros barcos. Tenía camas marineras, de madera de caoba, madera con la que también estaba hecho el armario del mismo. Disponía de lavabo para lavarse y afeitarse, no tenían baño individual, pero los aseos estaban cerca. Los pasajeros de segunda clase contaban con su propia biblioteca y comedor. También se entretenían subiendo y bajando en los ascensores eléctricos que había. Un lujo que en otros barcos solo disfrutaban los pasajeros de primera. El camarote de tercera clase era pequeño, pero seco y cálido, mucho más confortable que el interior de la mayoría de casas de principios del siglo XX. Era un tipo de camarote que sustituyó al entrepuente del resto de barcos.

▲ HMS Caroline.

✉ Dique seco Alexandra, junto a la estación de bombeo, en Queens Road.
🕐 X-D: 10 h-16.30 h.
💷 A partir de £ 11/12 €.
📱 www.nmrn.org.uk/venue-hire/hms-caroline

🕐 53A4.
✉ Dique seco Hamilton, en Queens Road.
🕐 Dependen de la época del año. Consultar la página web.
💷 £ 24/27 €.
📱 www.titanicbelfast.com/explore/ss-nomadic

HMS CAROLINE ✳

Junto a la Destilería Titanic se encuentra atracado el HMS Caroline, un barco que participó en la I Guerra Mundial y que en la actualidad es un museo flotante situado en el dique seco Alexandra. Un museo que muestra cómo era la vida a bordo de los tripulantes, además de contar e ilustrar cómo fue la batalla naval de Jutlandia. Un batalla entre las flotas británicas y alemanas que tuvo lugar el 31 de mayo de 1916 en el Mar del Norte. En el interior de este barco hay exhibiciones interactivas que enseñan a descifrar códigos, a lanzar torpedos y enviar señales a otros barcos.

SS NOMADIC ✳

Barco ubicado en el **dique seco Hamilton**. Dique en el que entre 1867 y 1990 se utilizó para reparar, mantener y equipar barcos. Desde entonces y hasta 2009, al no ser usado, se deterioró y cayó en el olvido. Buscando un lugar en el que atracar el SS Nomadic para su restauración se reparó en la posibilidad de hacerlo en el dique seco Hamilton. Una manera de revivir a la vez a dos viejas instituciones del mundo naval de Belfast, al tiempo que se le honraba un tributo a esa industria naviera que tanto hizo por la ciudad norirlandesa. El SS Nomadic era un barco auxiliar del Titanic. A bordo del mismo viajaron los pasajeros de primera y segunda clase desde el puerto de Cherburgo al Titanic. Después de su restauración se ha convertido en otro museo flotante, al estilo del HMS Caroline, en el que es posible caminar por sus cubiertas y hacerse una idea de cómo era ser un pasajero de este barco centenario.

| LAS GRÚAS PÓRTICO SAMSÓN Y GOLIATH ✶✶

No hay vista al horizonte de Belfast en la que no aparezcan estas dos grandes grúas pórtico de color amarillo ubicadas en Queens Road, en la Isla de la Reina. En 1969 se construyó la que se bautizó con el nombre de Goliath y que tiene 315 pies de altura, 5 años después se puso en pie Samsón, con 348 pies de altura. Goliath y Samsón pueden levantar cargas de hasta 840 toneladas. Las dos fueron construidas por la empresa Krupp-Ardelt para dar servicio al muelle propiedad de Harland & Wolff. Hoy estas dos grúas son el emblema de Belfast. Un patrimonio monumental asegurado y preservado desde 2003.

▲ Samsón y Goliath, las grúas más famosas de los astilleros de Belfast.

🕓 53B4.

| ARCHIVO OFICIAL DE REGISTROS PÚBLICOS DE IRLANDA DEL NORTE (PRONI) ✶✶

Este importante y cuantioso Archivo Oficial de Registros Públicos de Irlanda del Norte (Public Record Office of Northern Ireland) se encuentra entre el complejo Odyssey y las grúas de Samson y Goliath. El mismo atesora documentos del gobierno, de organismos públicos, de ayuntamientos, de tribunales, de iglesias, hay registros comerciales y fuentes privadas. El PRONI, además, asesora y promueve las mejores prácticas en gestión de archivos y registros para garantizar que los registros del presente llegan de la mejor manera para las generaciones del futuro.

El documento más antiguo registrado se remontan a 1219, aunque gran parte de los mismos arranca desde el 1600 hasta la actualidad. Es lugar de referencia para todos aquellos interesados en realizar investigaciones de la historia de Irlanda del Norte.

🕓 53B4.
✉ 2 Titanic Boulevard Titanic Quarter, Belfast BT3 9HQ (entre el complejo Odyssey y las grúas de Samsón y Goliath).
🕓 Cita previa.
🔗 https://www.nidirect.gov.uk/campaigns/public-record-office-northern-ireland-proni

ESCULTURAS Y MURALES

A lo largo del barrio Titanic se suceden una serie de esculturas y murales con motivos propios de la construcción naval, en su mayoría. También hay algún hito relacionado con *Juego de Truenos,* serie de fama global de la que algunos de sus capítulos se han rodado en los **Titanic Studios,** ubicados en la Isla de la Reina.

✓ **The Titanica.** Escultura esculpida por el escultor irlandés Rowan Gillespie y situada en la entrada principal del edificio que alberga el Museo Titanic Belfast. La escultura en cuestión es una figura femenina buceando. Está realizada a tamaño natural y en bronce, e inspirada en los tradicionales mascarones montados en las proas de los veleros. Titanica representa la esperanza y la positividad.

✓ **Big Fish.** Salmón de 10 m de largo realizado con azulejos de cerámica en los que se ilustran escenas de la historia de Belfast. Dicho salmón de escamas azules fue un encargo de la ciudad a John Kindness para celebrar la regeneración del río Lagan y la importancia histórica de lugar.

✓ **The Kit.** Se trata de una escultura de bronce de 13,5 m de altura realizada con diferentes réplicas de elementos reconocibles del Titanic a orillas de la cuenca de Aberconr, muy cerca del dique seco Hamilton.

✓ **Mural "El descanso del estibador".** Mural realizado por los artistas locales Terry Bradley y Friz en el que han plasmado sugerentes retratos de los estibadores de los muelles de Belfast. Aquellos trabajadores son los que hicieron que Belfast alcanzara unas cotas de desarrollo y prosperidad que no se han vuelto a experimentar en la ciudad. Este mural es un homenaje a todos esos hombres.

✓ **Vidrieras de Juego de Tronos.** Con motivo de los 10 años de rodaje en Irlanda del Norte de la serie mundialmente conocida, Juego de Tronos, en diferentes puntos del barrio Titanic se diseñaron y colocaron seis grandes vidrieras en las que están representadas algunas de las escenas más célebres de dicha serie. En cada una de las vidrieras, además, están representadas de alguna manera las casas de los Starks, Lannisters, Baratheons, Targaryens, White Walkers y el Trono de Hierro.

✓ **El Ángel Volador.** Escultura de bronce y acero inoxidable situada al oeste del río Lagan (Prince's Dock Street), a un lado del edificio Mission to Seafarers, una organización benéfica y religiosa creada a mediados del siglo XIX para brindar refugio y abrigo a los marineros. El Ángel de la escultura diseñada por el artista local Maurice Harron adopta la postura de calmar las olas. Muy cerca de esta escultura se encuentra la de The Dividers, también de bronce y acero inoxidable. La misma se eleva algo más de ocho metros de altura y la realizó otra artista local, Vivien Burnside.

❚ Barrio del Lino

En el siglo xix Belfast se la conocía como la "Ciudad del lino", por ser la que más lino producía en el mundo. De aquel próspero pasado industrial se conservan algunas construcciones, tipo almacenes, edificios y fábricas, que hacen parte del patrimonio histórico cultural del país. El barrio del Lino (Linen Quarter) se encuentra entre el barrio de la Catedral al norte y el de la Universidad o de la Reina al sur, pegado al centro de la ciudad. De hecho la Old White Linen House hoy es sede del Ayuntamiento de Belfast. En este barrio del Lino hay hoteles, restaurantes y bares, como el The Observatory, en lo alto del Grand Central Hotel, locales muy frecuentados y muchos de los mismos ubicados alrededor de la Gran Ópera.

❚ HOTEL EUROPA ✱✱

En los años más tensos y sangrientos del conflicto norirlandés, en el que el bando leal al Reino Unido y el bando independentista y republicano irlandés se acusaban y mataban indistintamente, el Hotel Europa se convirtió en una especie de centro de prensa en el que se alojaban todos los periodistas internacionales que contaban al mundo lo que pasaba en Belfast. *Los Troubles,* como se conoce este episodio de la historia de Irlanda del Norte, hicieron del Europa un centro internacional de prensa y el hotel más bombardeo del mundo. De hecho, en su momento, el Hotel Europa jugó un papel importante en el proceso de paz de Irlanda del Norte, como lugar de encuentro y diálogo entre las partes, además de convertir su Gran Salón del Baile en la embajada de los EE.UU.

A pesar de todo eso, nunca han dejado de alojarse huéspedes en este hotel que por dentro parece un museo. En las vitrinas que hay repartidas por el hotel hay páginas de periódicos que se hacen eco de las bombas que le afectaron directamente. Así como otros objetos y fotografías de los huéspedes más ilustres que se han alojado en este hotel: el popular y querido jugador de fútbol George Best, el músico Van Morrison, quien alguna vez tocó el piano en el bar del hotel después de alguno de sus conciertos y el presidente de los Estados Unidos, Bill Clinton y la primera dama, Hillary Clinton. Esta última fue la primera en dormir en la suite Titanic. Bill Clinton, siempre que ha ido a Belfast, lo ha hecho en la habitación que lleva su nombre y que está protegida con cristales antibalas.

🕐 52D1.
✉ Great Victoria Street.
☎ +44 28 9027 1066.
🌐 www.hastingshotels.com

▲ Hotel Europa de Belfast.

La industria del Lino en Belfast

En la industria del lino trabajaban muchas mujeres en las hilanderías. En 1900 se fabricaba y exportaba más lino que en cualquier otro lugar del mundo. El lino fue el origen de la prosperidad de Belfast, lo que facilitó la construcción del Titanic. En las hilanderías trabajaban mujeres y niños. En la industria del lino cuanto más pequeños fueran los niños, mejor. Las manos pequeñas podían acceder a espacios reducidos, algo muy conveniente. Los niños eran usados para que se movieran entre la maquinaria para ir recogiendo las fibras y/o pelusas que se generaban mientras se fabricaba el hilo. Una labor peligrosa porque tenían que introducir sus dedos entre los dientes de las maquinas, mientras seguían en funcionamiento. 65.000 personas trabajaron en las hilanderías irlandesas a finales del siglo XIX, la mayoría de ellas se encontraban en Belfast.

I ULSTER HALL ✱

Uno de los lugares más emblemáticos de Belfast y que, más de 150 años después de su inauguración, sigue desempeñando un papel importante en la vida cultural de la capital norirlandesa. Durante la II Guerra Mundial el Ulster Hall fue un popular salón de baile, del que dieron buena cuenta las tropas estadounidenses acuarteladas en la zona. De bailar se pasó a boxear en el mismo espacio en los años cuarenta y cincuenta. En la década de los años sesenta se convirtió en el hogar de la música rock en Irlanda del Norte. Un lugar en el que han dado conciertos Johnny Cash, U2, Coldplay, Thin Lizzy, The Clash, The Rolling Stones, Muse, Red Hot Chili Peppers y los locales Snow Patrol. Aquí tocó por primera vez Led Zeppelin, en 1971, su canción *Stairway to Heaven*. También es posible asistir a monólogos realizados por cómicos locales y de fuera de Belfast.

🕐 52D2.
✉ 34 Bedford Street.
📶 www.ulsterhall.co.uk

◀ Grand Opera House.

I THE GRAND OPERA HOUSE ✱

Se trata del principal teatro de Irlanda del Norte. Una centenaria construcción en la que destaca por fuera y por dentro, donde hay un gran auditorio de estilo victoriano. Un auditorio donde los espectadores pueden disfrutar de óperas, obras de teatro, espectáculos de danza y otras expresiones artísticas, creadas por compañías locales e internacionales. Un sitio que conecta con la ciudad y acerca la cultura escenográfica a los habitantes y turistas de Belfast. Una excelente oportunidad para ver lo que se está haciendo a nivel de artes escénicas en Belfast.

🕐 52D1.
✉ 2-4 Great Victoria St, BT2 7HR.
🎟 Compra de entradas: +44 28 9024 1919.
🕐 Taquillas: L-S, 10 h-17 h.
📶 www.goh.co.uk

▼ Ulster Hall.

Barrio de la Reina

El barrio de la Reina (Queen´s Quarter) también se le conoce como el de la Universidad. En el mismo se encuentra la Universidad de la Reina, que es la más grande e importante de Irlanda del Norte. De los barrios turísticos de la ciudad, es el que se encuentra más al sur de Belfast. En él se suceden muchas casas de ladrillo rojo. Algunas de esas casas hacen las veces de oficinas y de residencias para estudiantes. El principal edificio es la Universidad de la Reina. En este barrio cultural, en el que además de la Universidad están el Lyric Theatre y el **Crescent Arts Center**, a orillas del río Lagan, se suceden tranquilas calles en las que hay bares y restaurantes, así como parques y jardines. El más conocido es el Jardín Botánico. Dentro del mismo se encuentra el victoriano invernadero, la Palm House, y el Museo del Ulster. Por aquí se puede ver una película en el **Queen´s Film Theatre**, disfrutar de la música en vivo o de los monólogos en el **Empire Music Hall** y pasear por **Lisburn Road**.

❚ **UNIVERSIDAD DE LA REINA DE BELFAST** ✱✱

Imponente edificio y punto de referencia en el barrio. Todo gira en torno a esta Universidad de la Reina (Queen's University of Belfast) que, aunque se inauguró en 1849, sus orígenes, ligados a la Institución Académica Real de Belfast, se remontan a 1810. El edificio principal de la Universidad es el **Lanyon,** diseñado por el arquitecto inglés Sir Charles Lanyon. En torno al mismo se han sumado otros nuevos, como el **Centro Peter Froggat,** sin que se pierda la armonía arquitectónica. El actor Liam Neeson y el poeta y premio Nobel Seamus Heaney están entre sus exalumnos. Otro poeta, el inglés Philip Larkin, trabajó en la misma durante cinco años como bibliotecario. La Universidad se puede visitar. El **Queen´s Welcome Centre,** además de organizar exposiciones temporales, realiza visitas guiadas por la institución, hay que solicitarlo a través de la página web. En el local que tienen habilitado en la Universidad disponen de una tienda en la que se venden los típicos recuerdos universitarios, como sudaderas, camisetas y tazas con el nombre impreso de la Universidad de la Reina.

✉ University Road, Belfast BT7 1NN.

☎ +44 (0) 28 9024 5133.

🌐 www.qub.ac.uk
www.russellgroup.ac.uk
www.qub.ac.uk/about/175-celebration/

▲ Universidad de la Reina de Belfast.

 ▲ El Jardín Botánico tiene aproximadamente 11 hectáreas de terreno y en su interior alberga un invernadero conocido como Palm House (Casa de las Palmeras).

✉ College Park, BT7 1LP.
🕐 L-D: 7.30 h-16.30 h/17 h (depende de la temporada).
🌐 https://www.belfastcity.gov.uk/parks

❚ JARDÍN BOTÁNICO ★★★

El rincón verde por excelencia de la ciudad de Belfast. El Jardín Botánico (Botanic Gardens) se encuentra pegado a la Universidad de la Reina y a orillas del río Lagan. El Jardín Botánico representa una parte importante del legado patrimonial victoriano de Belfast, además de ser un lugar de encuentro. Un lugar de paseo para locales, estudiantes y forasteros, en el que es posible disfrutar las 1.285 horas de sol que hace al año en Belfast, según las autoridades competentes. Debido al interés público que había por la horticultura y la botánica, la Sociedad Botánica y Hortícola de Belfast decidió diseñar este jardín que se inauguró en 1828. Por aquel entonces, el Jardín Botánico de Belfast albergaba especies de árboles exóticos e impresionantes colecciones de plantas del hemisferio sur, algunas de las mismas hoy todavía se pueden ver. Lo que todavía luce y es la joya de este jardín es su invernadero, la que se conoce como **Palm House,** obra del arquitecto Charles Lanyon, el mismo que diseñó la Universidad de la Reina, y del maestro del hierro forjado Richard Turner, quien después diseñó Hayde y Regents Park, los dos en Londres. Hay otro invernadero, también muy especial, el **Tropical Ravine,** por ser el único de este tipo que hay en Irlanda del Norte. En caso de lluvia, vale la pena entrar en el Museo del Ulster, dentro del mismo parque. El Jardín Botánico también suele ser el lugar en el que se celebran muchos conciertos, festivales y eventos al aire libre.

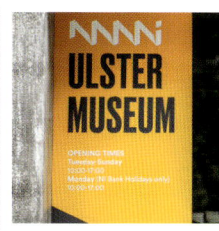

▌ MUSEO DEL ULSTER ★★

Este museo (Ulster Museum), que es bonito por fuera e interesante por dentro, se encuentra en el Jardín Botánico. En sus diferentes salas exhibe, como si fueran piezas de un tesoro, una importante parte de la historia de Irlanda del Norte. Contiene colecciones de bellas artes, de artes aplicadas, de arqueología, de etnografía, de numismática, de botánica, de zoología y de geología, además de una sección dedicada al conflicto norirlandés, *The Troubles,* aunque a más de uno es posible que le parezca demasiado aséptica. Es un conflicto vivo, muy difícil de tratar, más todavía en una ciudad como Belfast. Lo que sí resulta interesante es el archivo oral cedido por la BBC en el que es posible escuchar historias en primera persona de gente de la calle. Es recomendable comer en el agradable restaurante que alberga, Wynne & Pym Café.

▲ El museo del Ulster cuenta, entre otras cosas, la historia de los pueblos del norte de Irlanda desde el inicio a la actualidad.

✉ Stranmillis Road, Botanic Gardens, BT9 5AB.
☎ +44 (0) 28 9044 0000.
🕐 M-D: 10 h-17 h. L: cerrado.
🚌 8A, 8B.
🌐 www.ulstermuseum.org

▌ EL TEATRO LÍRICO ★

El teatro Lírico (The Lyric Theatre), situado a orillas del río Lagan, al sur del barrio de la Reina, cuenta con dos espacios para la representación de diferentes espectáculos: uno con capacidad para 389 espectadores y otro para 120. Escenarios en los que siempre hay alguna producción que merece la pena ver. Este teatro también es una institución que apoya a creadores con sus proyectos. El Lyric Theatre en su web se describe como un "espacio cívico compartido tanto para el artista como para el público. Un centro creativo para la producción teatral. Nuestra misión es crear, entretener e inspirar".

✉ 55 Ridgeway Street.
🌐 www.lyrictheatre.co.uk

Recorrido guiado por los Muros de la Paz de los taxis negros

🚖 Shankill Road: 11A, 11B, 11C (Wellington Place)
Falls Road: 10A, 10B, 10C, 10D, 10E, 10F.

🌐 https://touringaroundbelfast.com/tours/belfast-black-cab-tour

▼ Fachada e interior de la catedral de San Pedro.

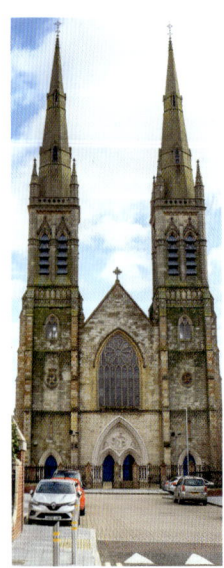

❙ Barrio Gaeltacht

Barrio del oeste de Belfast, atravesado por la simbólica **Falls Road**, una de esas calles cortadas por los denominados **Muros de la Paz,** en el que se habla irlandés. Dialecto urbano que es en Belfast donde más se habla en toda Irlanda del Norte.

En este barrio la bandera de Irlanda ondea más que la de Inglaterra y Reino Unido, omnipresente en el resto del Belfast. En Gaeltacht muchos de los carteles que indican los nombres de las calles lo hacen en inglés y en irlandés, así como los autobuses urbanos públicos anuncian las paradas en los dos idiomas. Algo parecido hace la emisora de radio comunitaria del barrio, Raidio Fáilte. Es por eso que este barrio pone el foco en promover la lengua, la música y la cultura irlandesa, tanto para los vecinos como para los visitantes, por medio del desarrollo de atracciones turísticas. No hay que dejar de visitar Cultúrlann, el centro cultural y artístico del barrio, en el que hay un restaurante, un teatro y una galería de arte, el Centro de Visitantes James Connolly, el **monasterio Clonard, Conway Mill** y la **catedral católica de San Pedro,** de estilo gótico. Sitios que se pueden ver a bordo de los taxis negros (https://touringaroundbelfast.com/

◀ Los famosos taxis negros de Belfast.

tours/belfast-black-cab-tour), que realizan recorridos turísticos por el barrio. Un barrio en el que hay pubs en los que en la puerta de acceso indican que solo emiten partidos del Celtic de Glasgow, equipo de fútbol escocés y católico, fundado por inmigrantes irlandeses en el siglo XIX. Quien quiera ver al Rangers, también escocés, pero protestante, tiene que irse a otro sitio, al vecino barrio de Shankill.

| CENTRO DE VISITANTES JAMES CONNOLLY **

El Centro de Visitantes James Connolly (The James Connolly Visitor Centre/Áras Uí Chonghaile) es un centro abierto a todo el mundo, acorde las ideas progresistas de la persona que le da nombre. James Connolly nació en 1868 en Edimburgo y murió en Dublín en 1916. Jugó un papel clave como pionero del primer movimiento sindical y gracias a él, a sus viajes por Gran Bretaña y los Estados Unidos, legó una visión de ver el mundo que invita a la reflexión. Su pensamiento político y el impacto que tuvo en la historia de Irlanda es lo que este centro quiere compartir con todo aquel que desee entrar. Si se quiere conocer un poco más sobre la historia de este personaje es posible realizar un recorrido por el mismo centro con una audioguía. Más novedoso es el recorrido de realidad aumentada que se puede descargar en el móvil y que nos guía por la historia de James Connolly y la ciudad de Belfast.

✉ 374-376 Falls Road.
🏠 https://arasuichonghaile.com/

| CULTÚRLANN MCADAM Ó FIAICH **

El centro cultural y artístico del barrio, alojado en una antigua iglesia presbiteriana en Falls Road. Un espacio de encuentro e intercambio a través de sus diferentes programas artísticos y culturales. El mismo centro alberga un restaurante, una librería, una tienda de regalos, un teatro y una galería de arte. En el piso superior hay una sala interactiva que muestra parte de la influencia de la lengua irlandesa en el inglés. Ofrece la oportunidad de sumergirse en una experiencia irlandesa y disfrutar de una comida de tres platos, mientras escucha música y disfruta de una actuación de bailes tradicionales.

✉ 216 Falls Road.
 Reservas:
+44 0 28 9096 4180.
🏠 www.culturlann.ie/ga

❘ RAIDIÓ FÁILTE ✶✶

Una emisora de radio que emite en irlandés, en Irlanda del Norte. No hay otra igual en el Ulster. Es una radio que emite las 24 h del día en el dial 107.1fm en toda el área metropolitana de Belfast y está disponible en todo el mundo en su web. Algunos de sus locutores son voluntarios que han recibido cursos de formación promovidos por la propia emisora. El estudio radiofónico se encuentra en un moderno edificio y se puede visitar gracias a los recorridos turísticos que organiza la misma emisora, previa solicitud. Este recorrido es una buena manera de conocer la historia de Raidió Fáilte y qué hace y cómo para preservar y promover la lengua irlandesa. Para digerir toda la información recibida lo mejor es tomarse algo casero en la cafetería An Lon Dubh de la emisora.

❘ CEMENTERIO DE BELFAST ✶✶

El Cementerio de Belfast (Belfast City Cemetery) fue inaugurado en 1869 y en él se enterraron, entre los 225.153 difuntos que yacen en él, Edward Harland, cofundador de la naviera Harland & Wolff, Margaret Byers, sufragista y fundadora del Victoria College y Sir William Pirrie, presidente de Harland & Wolff, en la época del Titanic, y exalcalde de Belfast.Como lugares de interés el cementerio en cuestión tiene lo que se conoce como *Poor Ground*, un terreno en el que hay más de 80.000 lápidas anónimas y un muro subterráneo, construido en época victoriana, para separar las tumbas protestantes de las católicas. Por otro lado, aquí también descansan los restos de 570 hombres y mujeres que sirvieron a la Commonwealth durante las dos guerras mundiales. Una de las tumbas más célebres del cementerio es una doble que se corresponde con siete mujeres que trabajaron como prostitutas y que pasaron por la Penitenciería de Mujeres del Ulster para rehabilitarse. La tumba doble se reconoce por tener el escudo de hierro fundido con el nombre de dicha penitenciería.

El Cementerio de la Ciudad de Belfast atesora tres bienes patrimoniales: las escaleras centrales, la fuente victoriana y el Cementerio Judío, ubicado en un terreno anexo y anterior a la apertura del cementerio. Es posible recorrer este cementerio siguiendo un recorrido digital por medio de una aplicación móvil. Un cementerio que por su ubicación, no da la espalda a la lengua irlandesa, por lo que ofrece un servicio de guía turístico en irlandés.

▶ Mural en Shankill Road.

▮ Barrio de Shankill

Barrio al noroeste de la ciudad de Belfast en el que Shankill Road (del irlandés Calle Antigua) es su calle principal, en la que se suceden los grafiteados y bautizados como Muros de la Paz. Es un barrio de clase obrera y predominantemente unionista, leal al Reino Unido, salpicado de iglesias metodistas y presbiterianas y pubs. Algunos de esos pubs ya no existen, pubs frecuentados por bandas y paramilitares, como la UVF (siglas en inglés de las Fuerzas Voluntarias del Ulster) y la UDA (siglas en inglés de la Asociación de Defensa del Ulster), en los que planificaban ataques y festejaban los consumados.

Muchas calles de este barrio llevan el nombre de lugares y personas belgas o de Flandes, que era donde se cultivaba el lino que después se tejía en Belfast, en concreto en esta zona. Una industria próspera, como la naval, que también se nutría de trabajadores de Shankill, hasta mediados del siglo XX, lo que derivó en una importante tasa de desempleo, uno de los motivos que abrió viejas heridas y confluyó en el conflicto norirlandés. Antes, en el siglo XIX, ya hubo altercados sectarios entre vecinos de Shankill y los nuevos vecinos que se instalaron en Falls Road, atraídos por el desarrollo y el progreso de la ciudad de Belfast. Además de vivir en primera persona el conflicto entre republicanos irlandeses y unionistas británicos, el barrio de Shankill sufrió el bombardeo perpetrado por la Luftwaffe durante la II Guerra Mundial.

No es un lugar en el que haya monumentos patrimoniales, pero sí que es un lugar que despierta interés y conmociona al verlo, al recorrerlo y al tratar de imaginarlo y entenderlo. Los muros de hormigón rematados con alambradas, los murales pintados son como libros que cuentan una parte de la historia, lo que ocurre es que, dependiendo del lado

de la calle que se esté, la historia es una u otra. Aquí para unos los que son héroes para otros son asesinos. Los **taxis negros** son un buen medio de transporte para recorrer Shankill. Un barrio en el que también se encuentra el **antiguo cementerio de Shankill,** que se remonta al siglo XIV, el **parque conmemorativo de Shankill,** el **Centro Spectrum, Crumlin Road Gaol** y la **iglesia de San Mateo,** construida en 1872, conocida popularmente como **Shankill Shamrock,** en forma de trébol.

Al norte de Shankill, más allá de los **parques Waterworks, Alejandra** y **The Grove Playing Fields,** se encuentran el **Zoo** y el **Castillo de Belfast.** Este último se encuentra en en lo que se conoce como la **Cueva de la Colina,** desde donde hay unas vistas privilegiadas Belfast. Este castillo lo mandó construir el tercer marqués de Donegall. Durante un tiempo pasó de un familiar a otro hasta que se convirtió en propiedad de la ciudad en 1934. Durante un tiempo estuvo cerrado al público y se remodeló. Una vez se abrió al público de nuevo se convirtió en un popular sitio de celebraciones de bodas y otros eventos privados y corporativos.

▼ Diferentes muestras de murales y graffitis que se encuentran en Shankill Road.

Este de Belfast

El este de Belfast es una zona en la que nacieron y se criaron el escritor C.S. Lewis, el músico Van Morrison y el futbolista George Best. Tres hombres de los que todo Belfast presume y el lado este de la ciudad siente y les profesa admiración. Es un lugar para mitómanos, por aquí se encuentran y se conservan las casas del músico y del futbolista, indicadas ambas con una placa. El escritor tiene en su honor una plaza, junto al Centro de Visitantes del Lado Este. Una zona de la ciudad que se encuentra en la orilla oriental del río Lagan y separado del barrio Titanic por una autopista. Desde el estadio de fútbol denominado Oval se ven las grúas amarillas de Harland & Wolff, Samson y Goliath.

En el pasado, cuando Belfast era una ciudad ruidosa por todo el trabajo que había que hacer, muchos de los trabajadores de la industria del lino, del tabaco, de la ingeniería y de la naval, vivían en esta zona de la ciudad, los denominados en inglés

▼ Monumento en honor a *The Yardmen.*

Yardmen y a los que Belfast les debe tanto. De ahí esa conciencia de clase trabajadora que muchos vecinos del barrio aún conservan. Es un barrio, principalmente, protestante, a tenor de las banderas que ondean en muchas de las casas unifamiliares y adosadas que se suceden por las calles. También hay un puñado de murales en honor a los miembros de la División del Ulster fallecidos en la I Guerra Mundial y a miembros del IRA.

I CENTRO DE VISITANTES DEL LADO ESTE ✳

El Centro de Visitantes del Lado Este (EastSide Visitor Centre) es un punto de información, además de cafetería y tienda, y un buen lugar desde el que arrancar un paseo por el lado este de la ciudad de Belfast. En el interior del mismo hay folletos informativos de todo lo que se puede hacer a este lado del río Lagan, que son muchas cosas y otras que se pueden ver. Por ejemplo, se pueden hacer recorridos temáticos de **C.S. Lewis** y ver la **iglesia de San Marcos** en la que se bautizó en 1899, de Van Morrison y así contemplar algunos de los paisajes que le inspiraron para escribir algunas de sus canciones, como la Avenida de los Cipreses, y de George Best, con paradas en lugares que marcaron su infancia. Menos célebres, pero más importantes para el desarrollo y progreso de Belfast, fueron los hombres que trabajaron en los astilleros de la Isla de la Reina construyendo barcos, entre ellos el Titanic, los denominados Yardmen. Desde este mismo centro sale una ruta que recorre los pasos de estos casi 30.000 trabajadores que llegó haber en un momento dado contratados por la naviera Harland & Wolff. Una ruta con paradas en el **Great Eastern Bar,** en los **baños públicos de Templemore,** en McMaster Strett, en la **iglesia Shipyard,** en el **monumento en honor a los Yardmen,** dentro del parque Pitt. Dicha escultura de bronce reproduce a tres trabajadores de los astilleros de vuelta a sus respectivas casas, en lado este de la ciudad. De fondo, como enmarcando dicha escena, están las **grúas amarillas de Harland & Wolff.** La última parada del recorrido es el barrio Titanic. La cafetería del centro, JACK Coffee Bar, el apodo cariñoso con el que se conocía a C.S. Lewis, es un buen sitio que visitar antes de arrancar alguno de estos recorridos temáticos.

I C.S. LEWIS SQUARE ✳

La plaza en cuestión se encuentra junto al Centro de Visitantes del Lado Este, en el cruce de las calles de Connswater y Comber Greeways. Es un

✉ 402 Newtonards Road.
🖥 www.visiteastside.com

✉ Junto al anterior, en el cruce de las calles de Connswater y Comber Greeways.

espacio público que honra al autor de *Las crónicas de Narnia* por medio de la toponimia y siete esculturas de bronce: 'El león, la bruja y armario', incluidas Aslan, La bruja blanca, el señor Tumnus, Los castores, El petirrojo y La mesa de piedra.

❚ MUSEO PATRIMONIAL DE LA DINASTÍA ORANGE ✳

El museo Patrimonial de la Dinastía Orange (Museum of Orange Heritage), ubicado en la casa Schomberg, es uno de los dos centros de interpretación que muestra la historia, la cultura y las tradiciones de la dinastía Orange, el otro es el Sloan´s House, en Loughagall, en el condado de Armagh. En este en cuestión el visitante aprende sobre la casa Orange de manera interactiva, así como viendo la colección que atesora y que incluye artículos pertenecientes al rey Guillermo III y que datan de 1689. También es un centro al que pueden acudir y recurrir a sus fondos aquellas personas que estén investigando sobre la dinastía Orange.

- ✉ 368 Cregagh Road.
- 🕐 L-S: 10 h-17 h.
- 🚌 Compañia *The Metro:* líneas 20 y 23. Gilder bus: línea G1.
- 🌐 www.orangeheritage.co.uk

█ STORMONT ★★★

A unos 5 km al este de Belfast. Es un gran parque público, con agradables y bonitos jardines y senderos para caminar y donde se encuentra el Asamblea de Irlanda del Norte. Una gran construcción que en su entrada luce seis pilares, uno por cada condado de país. Un edificio que nunca ha vuelto a ser blanco, color que perdió durante la II Guerra Mundial al ser pintado de un color tipo camuflaje y que nunca se ha podido limpiar del todo. Además de la Asamblea, arquitectónicamente en Stormont destacan: dos residencias de verano, las puertas de acceso a la finca, las cabañas del castillo y el castillo propiamente dicho. Construcción que es la sede del Ejecutivo de Irlanda del Norte y que está cerrada al público.

La finca Stormont cuenta con dos rutas que se adentran en el bosque. Una larga, de 4 km, y otra corta, de 2 km. También hay un parque infantil equipado con un rocódromo, toboganes y columpios, además de mesas y bancos de madera para hacer picnics.

✉ 368 Cregagh Road.
🕐 L-V: 7:30 h-18.30 h. Fines de semana: 9 h-18.30 h.

▼ Palacio de Stormont, sede de la Asamblea de Irlanda del Norte

▌Alrededores

▌COLINAS DE BELFAST

● www.belfasthills.org

La ciudad de Belfast está atravesada por el Lagan, un río que desemboca en el mar Irlandés. Al este de la ciudad se encuentra la costa, y al oeste las colinas de Belfast, entre las que está lo que se conoce como el **National Trust–Divis** and **the Black Mountain**. Una caminata entre Divis y la Black Mountain (Montaña Negra) permite disfrutar de unas vistas espectaculares al oriente del lago Belfast, de las colinas Castlereagh, las grúas Samson y Goliath, de Stormont, de la Isla de Man, de Escocia, de las montañas Mournes y Carlingford, y al occidente se puede ver Sperrins, de Antrim Plateau y el lago Neagh.

Las colinas de Belfast albergan una serie de lugares abiertos al público. Además de los ya mencionados Divis y Black Mountain y la Cueva de la Colina, donde se encuentra el **castillo de Belfast**, están la colina Carnomoney, Las Presas del Parque y el Parque Forestal Colin Glen.

Castillo de Belfast

✉ Antrim Rd, BT15 5GR. A unos 3 km al norte del centro de la ciudad.

◉ Todos los días: 9 h-18 h pero el horario de cierre depende de la época del año. Consultar en su web.

● www.belfastcastle.co.uk

COLINA CARNOMONEY

Entorno natural con una gran riqueza histórica y una rica vida silvestre en la que hay pastizales, humedales, prados y bosques. Por aquí hay tejones, zorros y liebres.

EL PARQUE DE LAS PRESAS LIGONIEL

Un oasis de bosques y praderas muy cerca de la ciudad gracias a las presas del sitio. También hay unos molinos antiguos. En el pasado este fue el corazón de la industria de lino. En la zona hay senderos que discurren a lo largo de las antiguas presas y los canales en los que estaban los molinos. En cuanto a la vida silvestre en el sitio hay varias especies de murciélagos, libélulas, caballitos del diablo y aves silvestres.

PARQUE FORESTAL COLIN GLEN

Parque que linda entre Belfast y Lisburn. Un entorno natural en el que hay bosques, ríos, pastizales y cascadas. En el pasado, el río que lo atraviesa era vital para la industria del lino de la ciudad.

▲ Cuenta la leyenda que los habitantes del Castillo de Belfast serían afortunados mientras en los jardines y castillo viviera un gato blanco.

◄ Colinas de Cave Hill Country Park.

De Belfast a Newcastle, ida y vuelta

Distancia
64 millas/103 km

Duración
2 h y 25 min. (tiempo estimado solo de ida y sin hacer paradas).

Medio de transporte
La idea es invertir todo el día para poder hacer paradas y que de tiempo a volver a Belfast, a devolver el coche de alquiler, en el aeropuerto George Best, que está más cerca del centro de la ciudad.

❚ Un recorrido en coche por la costa noreste de Irlanda del Norte (**County Down**) que pasa por pueblos pintorescos provistos de puertos y casas de colores, sobrevolados por gaviotas y en los que no faltan restaurantes y alojamientos tipo *Bed and Breakfast*. Da gusto conducir por la carretera, siempre pegada a la costa y sin peajes, aunque hay que tener cuidado con la rueda delantera izquierda y los bordillos, es lo que tiene conducir sentado a la derecha.

Esta ruta pasa por: **Bangor, Groomsport, Donaghadee** (e **islas Copeland**)**, Millisle, Newtownards, Ballywalter, Ballyhalbert, Portavogie, Cloghy, Portaferri**, localidad en la que se coge un ferry que cruza el **lago Strangford** y atraca en el sitio del mismo nombre, **Castillo Ward, abadía de Inch** (en ambos lugares se han rodado escenas de *Juego de Tronos*), Scopers, Dundrum y **Newcastle**, desde donde se puede ir al **bosque de Tolleymore,** a los pies de las **montañas Mourne**, en bicicleta eléctrica.

❚ **County Down**, la costa noreste norirlandesa, se caracteriza por sus arrecifes y corrientes, de ahí la importancia y necesidad de puertos seguros desde

▼ Montañas Mourne.

los que poder zarpar y atracar. Uno de esos puertos fue el **Donaghadee.** En el mismo desembarcaban los pasajeros procedentes de Inglaterra.

Antes de que Belfast se convirtiera en el principal puerto de Irlanda del Norte lo fue este de Donaghdee. Gracias a ese trasiego comercial de mercancías y personas la localidad se desarrolló y prosperó. Hoy en la misma viven unas 8.000 personas y los turistas disfrutan de su castillo, paseo marítimo flanqueado por casas de fachadas de colores y el puerto. Sitios desde los que son visibles las **islas Copeland.** La isla principal es un lugar popular en verano y en la otra hay los restos de un antiguo faro, además de ser un pequeño santuario para las aves.

❙ Tierra adentro, pero a orillas del **lago Strangford,** se encuentra **Mount Stewart.**

Un típica finca irlandesa en la que hay un bosque, tierras de cultivo, corrales, un palomar y un jardín. Un jardín que combina lo que hay plantado y el arte con el que está cultivado. Acorde con la mansión del sitio.

❙ De vuelta a la costa la siguiente localidad es **Ballywalter.** Lo más destacado del sitio es su playa. Desde ahí se sigue ruta en paralelo a la costa hasta **Cloghy**, donde la carretera se aleja del mar y acaba en **Portaferri,** localidad en la que se puede coger un ferri que cruza el **lago Strangford** para seguir adelante con la ruta.

La travesía a bordo del mismo es un buen momento para disfrutar de unas privilegiadas vistas del entorno. En la otra orilla se puede hacer un par de paradas en el **castillo Ward,** de estilo gótico y clásico, una localización en la serie *Juego de Tronos,* como la vecina **abadía de Inch.** Un antiguo monasterio del que hoy solo quedan las ruinas que datan del siglo XII y en las que también se han grabado escenas de la serie *Juego de Tronos.* La última parada de la ruta es **Newcastle.** Una localidad costera muy popular en verano ubicada en la bahía de Dundrum. Por aquí es posible disfrutar de larga playa o adentrarse en el **bosque de Tollymore,** a los pies de las montañas Mourne, en bicicleta eléctrica. Un agradable bosque que se puede recorrer por sus diferentes senderos, todos ellos señalizados.

▲ Bosque de Tolleymore, a los pies de las montañas Mourne.

Bike Mourne
115 Central Promenade
www.bikemourne.com/
newcastle-bike-e-bike-hire

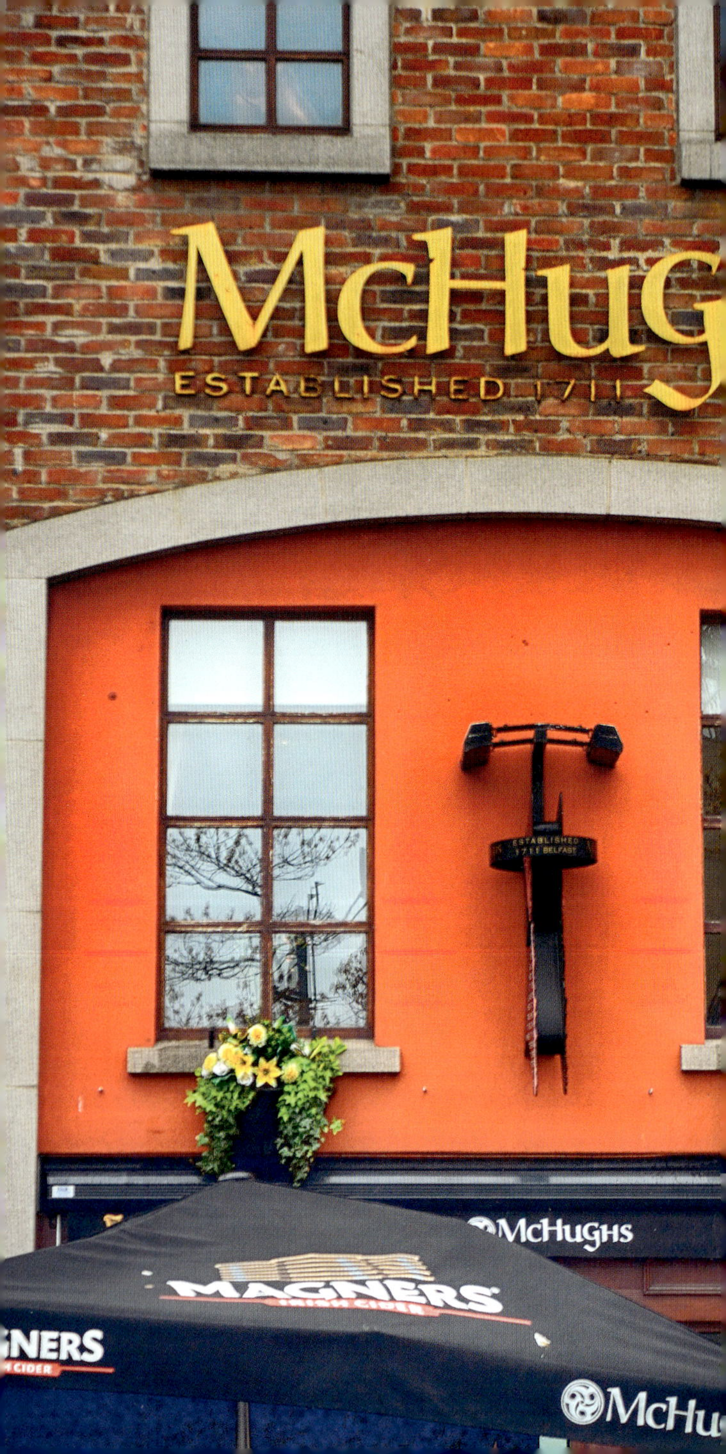
McHug
ESTABLISHED 1711
ESTABLISHED
1711 BELFAST
McHughs
MAGNERS
IRISH CIDER
GNERS
McHu

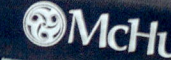

Dónde...

Restaurantes

La comida no es el punto fuerte de Belfast, sin embargo, eso no significa que no haya sugerentes restaurantes, tabernas y pubs en los que sirvan platos locales que merezcan la pena probar, como el *boxty,* que lo suelen servir en locales muy atractivos. El *fish and chips* es otro clásico que muchos turistas se animan a probar y que preparan en negocios con solera. La mayoría de restaurantes de cocina internacional se encuentran en los barrios céntricos de la ciudad, así como en los hoteles de cuatro y/o cinco estrellas. De lunes a viernes, la mayoría de restaurantes ofrecen un menú de tres platos: entrante, principal y postre, a precios económicos. Los sitios más asequibles para comer se encuentran en el barrio de la Reina.

Fish City (M)

Prestigioso y galardonado restaurante por su concepción sostenible de la cocina en el que, además del típico *fish and chips*, preparan mariscos y pescados locales. Se puede encargar comida para llevar y comerla donde se desee y pueda.
- ✉ 33 Ann Street.
- ☎ +44 28 9023 1000.
- ⏱ L-S: 12 h-22 h. D: 13 h-21 h.
- 🌐 www.fish-city.com

EDŌ Belfast (M)

Restaurante inspirado en la cocina española, sobre todo en el concepto de tapa. Tapas que elaboran, por otro lado, a partir de diferentes técnicas culinarias. Por tanto, en este restaurante la idea es compartir y probar varios platos. Es posible que para el turista español no sea la opción más apetecible, no porque la comida no esté buena, sino por ser una cocina conocida.
- ✉ 3 Capital House, Unit 2 Upper Queens Street.
- ☎ +44 28 9031 3054.
- 🌐 www.edorestaurant.co.uk

Howard Street Restaurant (M)

Restaurante de aspecto industrial en el que se preparan platos vanguardistas a partir de ingredientes frescos y locales. Delicados platos que se acompañan de unos vinos seleccionados con estudio y mimo.
- ✉ 56 Howard Street.
- ☎ +44 28 9024 8362.
- 🌐 https://howardstbelfast.com

Barrio de la Catedral (Cathedral Quarter)

Coppi Belfast (M)

Restaurante de inspiración veneciana, tipo *cichetti bacari*, que lleva por nombre el de una leyenda del ciclismo, Angelo F. Coppi. Pizzetas, pastas caseras y postres de elaboración propia. El domingo preparan carnes asadas. Durante la semana hay menús en los que el entrante cuesta 4 €, el plato principal 8 € y el postre 4 €.
- ✉ Saint Anne's Square.
- ☎ +44 28 9031 1959.
- ⏱ L-X: 17 h-21 h. J: 12 h-21 h. V-S: 12 h-21:30 h. D: 13 h-20 h.
- 🌐 www.coppi.co.uk

Northern Whig (M)

Un local con una excelente puesta en escena. Ubicado en un edificio protegido, con un interior acorde a su fachada. Aquí se puede comer y beber muy bien. También dispone de un menu diario.
- ✉ 2-10 Bridge Street.
- ☎ +44 28 9050 9888.
- 🌐 www.thenorthernwhig.com

OX (M)

Cocina abierta y creativa con vistas al río Lagan. Tiene un menu de dos platos por £40 y un menu degustación por £85.
- ✉ 1 Oxford Street.
- ☎ +44 28 9031 4121.
- 🌐 www.oxbelfast.com

Barrio del Lino (Linen Quater)

CoCo Restaurant (M)

Restaurante en el que se puede pedir a la carta u optar por un menú. Hay menús a la hora de comer, de cenar, los sábados y uno vegetariano.

Precios

Los precios están indicados en libras esterlinas y euros.
E = entre 15-30 €/ £ 13-26;
M = entre 30-50 € / £ 26-43;
C = a partir de 50 €/£ 43.

☒ 7-11 Linenhall Street.
☎ +44 28 9031 1150.
◷ Comidas: 12 h-14.45 h,
X-V: cenas a partir de las
17.30 h. S: desde las 17 h.
D: 13 h-19 h.
❏ www.cocobelfast.com

Deanes Meat Locker (M)

Un restaurante para los amantes de la carne. Carne que hacen a la parrilla.
☒ 28-40 Howard Street.
☎ +44 28 9033 1134.
❏ www.michaeldeane.
co.uk/meat-locker

Howard Street Restaurant (M)

Restaurante de cocina local, con toques del sudestes asiático, en el que, además, sirven buenos cócteles. El local está decorado estilo industrial elegante.
☒ 56 Howard Street.
☎ +44 28 9024 8362.
❏ https://howardstbelfast.
com

Barrio de la Reina (Queen's Quarter)

Holohan's Pantry (M)

Restaurante acogedor, muy cerca de la zona universitaria, en el que cocinan con ingredientes frescos y locales platos típicos del recetario irlandés, como lo es el *boxty*. Un plato a medio camino entre la pizza y una tortilla hecha con salchichas, huevos, setas y tomate. En este local se toman sus propias licencias a la hora de prepararlo.
☒ 43 University Road.
☎ +44 28 9029 1103.
◷ Lunes cerrado.
❏ www.holohanspantry.co.uk

Deanes at Queen (M)

Restaurante elegante en el que sirven comida local, de temporada sencilla y en abundancia. Los platos se pueden maridar con los vinos y cervezas de su carta, así como degustar todo ello

en su terraza, con vistas al Jardín Botánico y el Museo del Ulster.
☒ 1 College Gardens.
☎ +44 28 9038 2111.
◷ X-D: 12 h-21 h, excepto S, hasta las 22 h. D: 13 h-20 h.
❏ www.michaeldeane.co.uk

Cutters Wharf (E)

Un buen sitio para disfrutar de una comida a orillas del río Lagan. El local cuenta con terraza y algunos de sus platos se hacen a la parrilla.
☒ Lockview Road.
☎ +44 28 9080 5100.
❏ www.cutterswharf.co.uk

Zona Este

Cyprus Avenue Restaurant (M)

Restaurante muy agradable situado en una calle encantadora, ligada a la vida y música del artista Van Morrison. Los platos que sirven son ecléticos, la cocina es de aquí y de allí. Tiene sala interior y terraza. Un sitio en el que se puede desayunar, comer, cenar y tomar una o dos copas.
☒ 228 Upper Newtownards Road.
☎ +44 28 9065 6755.
◷ Todos los días: 9 h-23 h.
❏ www.cyprusavenue.co.uk

Spences Fishs and Chips (E)

Un establecimiento histórico en el que se sirven *fish and chips,* hamburguesas, judías, alitas de pollo y otras fritangas. A este sitio solía venir mucho el célebre jugador local George Best. Personaje que se le idolatra y honra en este local con un montón de fotografías y camisetas de fútbol.
☒ Beersbridge Road.
◷ M-V: comidas a partir 12 h; cenas, a partir de las 16.30 h. S: 16.30 h-19.30 h.

La comida a bordo del Titanic

En el Titanic había un restaurante, que requería de un pago extra, exclusivo para los pasajeros de primera clase. Un restaurante ubicado en un salón de estilo jacobino en el que las mesas estaban decoradas con rosas rojas y margaritas blancas y al que los comensales acudían vestidos de manera impecable. La comida era exquisita. El menú que se sirvió el domingo 14 de abril de 1912 fue: chuleta de cordero, croqueta escabechada, gambas con mantequilla y nuez moscada, pastel de ternera y jamón. Para beber: cerveza de barril alemana helada y de postre: flan o merengue de manzana. Para amenizar el ágape una orquesta de cuerda tocaba piezas de Puccini y Tchaikovsky.

Barrio Titanic (Titanic Quarter)

Titanic Hotel Belfast Drawing Office **** (C)

El hotel en cuestión se encuentra en lo que en el pasado fueron las oficinas centrales de Harland & Wolff de los astilleros de Belfast, donde los ingenieros y diseñadores ideaban y dibujaban lo que luego se convertirían en barcos. Un establecimiento de lujo en el que uno se puede alojar, comer y/o tomar un té. El comedor principal es una sala amplia, sala en la que antes trabajaron ingenieros navales y dibujantes.
☒ 6 Queens Road.
☎ +44 28 9508 2000.
❏ www.titanichotelbelfast.
com

Alojarse

La gran mayoría de los hoteles se encuentran en el centro de la ciudad de Belfast. Los hay nuevos e históricos, como el Europa. En dichos hoteles suele haber un restaurante de cocina internacional y un bar con vistas. Los hoteles económicos son pequeños, sin apenas servicios. El alojamiento más singular de Belfast es posible que sea la casa en la que vivió durante su infancia George Best, en el lado este de la ciudad.

Barrio de la Catedral (Cathedral Quarter)

Merchant Hotel***** (C)

Hotel alojado en un edificio histórico, patrimonio de la ciudad. El alojamiento tiene spa, gimnasio en la azotea, un bar en el que es posible escuchar música jazz, un pub, y un restaurante. El hotel cuenta con 62 habitaciones, entre las que hay varias suites. El Merchant es un hotel de lujo. Los que no se alojen en él pueden disfrutar de su fachada y algunos espacios interiores.
- ☎ 16 Skipper Street.
- ☎ +44 28 9023 4888.
- ✆ www.themerchanthotel.com

Bullitt Hotel (M)

Hotel que prescinde de todo lo innecesario durante la estancia de los huéspedes. Una filosofía que hace de la optimización del espacio de sus habitaciones su máxima. En lo que no escatima es en el tamaño de las camas. Dispone de bar, restaurante y en verano es posible disfrutar de una velada en su jardín.
- ☎ 40A Church Lane.
- ☎ +44 28 9590 0600.
- ✆ https://bullitthotel.com

Malmaison Belfast (M)

Hotel histórico al que no le falta ninguna de las modernidades del presente. Las habitaciones, incluso las que no son suites, lo parecen. Son amplias, cómodas, decoradas con esmero. Es posible alojarse acompañado de una mascota. Cuenta con restaurante y bar.
- ☎ 34-38 Victoria Street.
- ☎ +44 28 9600 1405.
- ✆ www.malmaison.com/locations/belfast

Barrio del Lino (Linen Quater)

Ten Square Hotel (M)

Hotel céntrico alojado, en parte, en un edificio histórico, la Yorkshire House, un antiguo almacén de ropa y Oficina General de Correos. Tiene tres tipos de habitaciones, repartidas en 131. Las hay con vistas al vecino Ayuntamiento y a las colinas de los alrededores de Belfast. Dispone de una suite para grupos, hasta diez personas. El hotel tiene un restaurante a pie de calle y un bar en la azotea.
- ☎ 10 Donegall Square South, Belfast, BT1 5JD.
- ☎ +44 28 9024 1001.
- ✆ www.tensquare.co.uk

The Europa Hotel**** (C)

Hotel testigo de la historia reciente de la ciudad

de Belfast. Se le conoce como el hotel más bombardeado del mundo, fruto del conflicto violento entre leales al Reino Unido e independentistas y partidarios de unirse a Irlanda. En este lujoso e histórico hotel se han alojado casi todas las personalidades que han visitado Belfast. Por dentro el Europa parece un museo. El hotel dispone de un piano bar y un restaurante de cocina internacional contemporánea. Quien, por lo que sea, no pueda alojarse en el Hotel Europa, al menos, puede entrar y verlo. Es como leer un libro de historia.
- ☎ Great Victoria Street.
- ☎ +44 28 9027 1066.
- ✆ www.hastingshotels.com

Hastings Grand Central Hotel ***** (C)

Hotel elegante, lujoso, que cuenta con trescientas habitaciones. Dispone de un café, restaurante y bar. Todo ello repartido en 23 plantas.
- ☎ Bedford Street.
- ☎ +44 28 9023 1066.
- ✆ www.grandcentral-hotelbelfast.com

Barrio de la Reina (Queen´s Quarter)

Belfast International Youth Hostel (E)

Alojamiento para todas las edades y bolsillos. Dispone de dormitorios comunitarios y habitaciones dobles con baño propio, para quien quiera privacidad. El albergue tiene cocina, lavandería, consignas para dejar el equipaje, un espacio en el que desayunar, comer y cenar.
- ☎ 22 Donegall Road
- ☎ +44 28 9031 5435
- ✆ www.hini.org.uk

Benedicts of Belfast **** (M)

Hotel boutique que cuenta con un restaurante gourmet y un bar con música en vivo. Cada habitación tiene su propia decoración.

- ✉ 7-21 Bradbury Place Shaftsbury Square.
- ☎ +44 28 9059 1999.
- 🌐 www.benedictshotel.co.uk

The Harrison (M)

Un hotel que conecta con la ciudad a través de los variopintos huéspedes que se han alojado en alguna de sus 16 habitaciones a lo largo de su historia. Un hotel en el que no faltan muebles antiguos, cortinas de terciopelo, bañeras, etc.

- ✉ 45 Malone Road.
- ☎ +44 28 9460 0123.

- 🌐 www.chambersof distinction.com

Zona Este

Casa de George Best (M)

Un alojamiento para mitómanos, para incondicionales de la leyenda del futbol norirlandés y europeo, George Best. La que fuera la casa familiar de este mito futbolístico desde hace algún tiempo se puede alquilar y así, además de dormir, estar más cerca de esta leyenda. Una casa museo que ayuda a conocer quién fue George Best antes de convertirse en lo que se convirtió cuando siendo muy joven fichó por el Manchester United.

- ✉ 16 Burren Way.
- ☎ +44 28 9045 1900.
- 🌐 www.georgebesthouse.com

Barrio Titanic (Titanic Quarter)

Titanic Hotel Belfast Drawing Office **** (C)

Antes de ser hotel este edificio albergó las oficinas centrales de Harland & Wolff. Tiene dos restaurantes. Uno más informal de ambos se encuentra en una sala amplia, de techa alto. Era la sala en la que trabajaban los ingenieros navales y dibujantes de la naviera. H&W.

- ✉ 6 Queens Road.
- ☎ +44 28 9508 2000.
- 🌐 www.titanichotelbelfast. com

❙ Comprar

En la ciudad de Belfast no faltan tiendas en las que se venden todo tipo de productos. Tiendas que se suceden en calles, en galerías y en centros comerciales. Los hay con más y menos encanto, la globalización ha hecho que los centros urbanos de todas las ciudades del mundo sean casi idénticos, en cuanto a las firmas de las tiendas se refiere. Si lo que se busca es un recuerdo local del viaje, hecho y vinculado con Irlanda del Norte, entonces toca buscar las tiendas donde lo venden. No son muchas, pero las hay. Recuerdos que pueden ser prendas de ropa, como la camiseta de la selección de fútbol norirlandesa, con el nombre de George Best, un vinilo o un CD de Van Morrison, de Snow Patrol o de alguna otra banda local, un libro, etc.

Mercado de San Jorge (St George´s Market)

El domingo es el día que el mercado se reserva a las antigüedades y artesanías. Ese día el mercado es una mezcla de lo que se hace el viernes y el sábado, respectivamente, pero haciendo hincapié en las artes y artesanías locales. Una oportunidad para que artistas y artesanos locales puedan mostrar su trabajo. El domingo es un día para disfrutarlo yendo de un puesto de artículos reciclados a otro de velas aromáticas, de uno en el que venden joyas a otro en el que se vende ropa. (▶54).

- ✉ 12-20 East Bridge Street, BT1 3NQ.
- 🕐 V: 8 h-14 h. S: 9 h-15 h. D: 10 h-15 h.
- 🌐 https://www.belfastcity. gov.uk/stgeorgesmarket

Galería Comercial de la Reina (Queen´s Arcade)

Aunque no se compre nada, merece la pena recorrer la galería y disfrutar de su ecléctico encanto (▶55).

- ✉ Acceso por Donegall Place y/o por Fountain St.
- 🕐 L-S: 9 h a 20 h.
- 🌐 www.queensarcade-belfast.com

Centro Comercial, Castle Court

- ✉ Royal Avenue.
- 🕐 9 h a 18 h. D: 13 h a 18 h.
- 🌐 https://castlecourt-uk.com

Victoria Square

Tiendas, restaurantes, sobre todo cadenas muy populares en el Reino Unido, y salas de cine. (▶54).

- ✉ 1 Victoria Square.
- 🕐 Tiendas: 9.30 h a 18 h. D: desde las 13 h.
- 🌐 https://victoriasquare.com

Lisburn Road

Calle animada que discurre por el sur de la ciudad y en la que se suceden cafés, restaurantes y comercios de todo tipo. Una calle que al pasearla ayuda a tomar el pulso a la ciudad. Resulta muy cómodo comprar lo que se necesita y hacer comunidad con los vecinos.

Fábrica de caramelos de la tía Sandra

En la zona este de Belfast, muy cerca de la plaza CS Lewis, se encuentra esta popular fábrica de caramelos norirlandesa fundada en 1953. Cuenta con una tienda abierta al público en la que se pueden probar los dulces que preparan.

- ✉ 20-22 Holywood Road, Belfast, BT5 1NT.
- 🕐 M-V: 10.30 h a 18 h. V-D: 10 h a 18 h. L: cerrado.
- 🌐 www.auntsandras.com

▮ Divertirse

En la ciudad de Belfast no faltan bares, tabernas y pubs en los que tomar una cerveza, una pinta y/o un cóctel. En muchos de esos locales, además de una gran variedad de bebidas, se puede disfrutar de una actuación musical en vivo (es conveniente consultar que cantante y/o grupo toca cada noche), de un monólogo cómico, del visionado de algún partido de fútbol o rugbi y de una partida de dardos y/ o billar. Algunos de esos sitios son historia de la ciudad. Locales añejos por los que parece no haber pasado el tiempo situados en pasadizos a los que se llega por casualidad. La gran mayoría de locales, al menos los que se indican en esta guía, se encuentran en el barrio de la Catedral. En este lugar es donde están los pasadizos denominados *entries*, en los que se suceden muchos pubs.

Centro de la ciudad

Crown Liquor Saloon
Un monumento citadino en forma de pub victoriano. Un bar en el que hoy beben pintas de Guinness locales y turistas y a finales del siglo XIX, cuando se inauguró, lo hacían los pasajeros que se subían o se bajaban de los trenes y/o los que acudían a la Gran Ópera, ambos sitios muy próximos. En el interior del pub hay tallas de mármol, cerámica, espejo, madera de caoba. Madera con la que está hecha la barra y los asientos en los que uno se acomoda para dar buena cuenta de una pinta.
✉ 46 Great Victoria Street.
☎ www.nationaltrust.org.uk/the-crown-bar

Fountain Lane
Un pub, que como una fuente, da de beber a los parroquianos desde 1901. Durante la II GM sufrió graves daños como consecuencia de los bombardeos y se demolió. En 1955 se reconstruyó y se volvió a abrir al público. Hoy los que entran se encuentran con un local restaurado en 2019 en el que se puede beber, comer (los domingos es el día del asado, *Sunday roast*) y escuchar música en vivo, así como ver competiciones deportivas en sus televisores.
✉ 16-20 Fountain Street.
☎ www.fountainlanebelfast.com

Festivales

Belfast cuenta con gran variedad de festivales y a lo largo del año. Algunos de ellos son:

Cathedral Quarter Arts Festival. Animado festival en el barrio de la Catedral en el que se celebran actuaciones en vivo, música, comedia, teatro, así como otros espectáculos eclécticos. Se celebra en el mes de marzo (www.cqaf.com).

Brillant Corners, Festival de Jazz. Festival de jazz con actuaciones en vivo en diferentes localizaciones de la ciudad. Se celebra en el mes de marzo (www.brilliantcornerbelfast.com).

Festival Féile an Earraigh. Se celebra en varias localizaciones de la ciudad de Belfast. Un festival primaveral en el que tienen lugar actuaciones musicales, charlas, recorridos temáticos, espectáculos en vivo y algunas sorpresas más.

Belfast Children Festival. Teatro, baile, música, literatura, comedia, charlas y otras actividades que pretenden despertar y alentar la curiosidad de los más pequeños. Se celebra en el mes de abril (www.youngatart.co.uk).

Imagine! Belfast Festival of Ideas & Politics. Una cita en la que poder intercambiar y escuchar otras ideas que hagan de este mundo un lugar mejor (www.imaginebelfast.com).

Festival of Fools. Un festival clásico de la comedia y del teatro callejero en el que se interpretan y realizan más de 70 espectáculos en las calles de Belfast. Se celebra en el mes de abril (www.foolsfestival.com).

Spring Spectacular at Hillsborough Castle. En el mes de mayo, una buena oportunidad en el de ver los jardines de la crema de la sociedad norirlandesa en flor (hrp.org.uk/hillsborough-castle).

Belfast Spring Continental Market. Cita gastronómica en el mes de mayo en los alrededores del Ayuntamiento de Belfast en la que se puede probar todo tipo de delicias culinarias locales e internacionales.

Desde el mediodía hasta las 22 h. D hasta las 21 h.
📱 www.themorningstarbar.co.uk

Winecellar Entry

White´s Tavern
La taberna más antigua de Belfast. Data del 1630, aunque reconstruida en 1790. Actuaciones en vivo.
📱 https://whitestavern-belfast.com

Barrio de la Catedral (Cathedral Quarter)

Sunflower Public House
Antes que este pub hubo otros. El nuevo, además de conservar la ubicación, mantiene la jaula que en durante los *Troubles* protegía a los parroquianos que accedían al interior del mismo. La jaula es una reliquia de los años 80, un testimonio que los dueños han decidido preservar como parte de la historia de la ciudad. Sala cubierta y una terraza. Sirven varios tipos de cerveza, local e internacional.
✉️ 65 Union Street, BT1 2JG (esquina con Kent Street).
📱 www.sunflowerbelfast.com

The Reporter
Su nombre y ubicación no engañan. Este pub se encuentra en una zona en la que en el pasado estaban las redacciones del *Irish News* y *Belfast Telegraph*. La decoración interior del pub está relacionada con los periódicos, decoración que a su vez cuenta parte de la historia de Belfast. En su barra se sirven cervezas artesanales locales, entre otras bebidas. El Reporter admite el acceso de perros.
✉️ Union Street, BT1 2JF.
📱 www.thereporterbelfast.com

Ulster Hall
La sala Ulster es un espació histórico y emblemático de la escena musical de la ciudad de Belfast. En la misma, en 1971, Led Zeppelin interpretó por primera vez *Stairway to Heaven* (Escalera al cielo). También es posible asistir a monólogos realizados por cómicos locales y de fuera de Belfast.
✉️ Bedford Street, 34.
📱 www.ulsterhall.co.uk

Entries

Crown Entry

Peggy Barclay's
Histórica taberna en la que se fundó en 1791 la sociedad Irlandeses Unidos.

Joy's Entry

Henry´s
Pub centenario en el que se sirven bebidas y comidas tradicionales. Actuaciones en vivo: solistas, bandas de música tradicional irlandesa, etc.
📱 www.henrysbelfast.com

The Jailhouse
Junto al anterior.
✉️ 4 Joy's Entry, BT1 4DR.
📱 www.thejailhousebelfast.com

Pottinger's Entry

Morning Star Bar & Restaurant
Pub histórico y pintoresco, se remonta al año 1810.

Barrio del Lino (Linen Quater)

Robinsons Bar
Bar de decoración clásica en el que tomar una pinta o un whisky en un ambiente relajado con música en vivo. En el salón de abajo hay objetos originales del Titanic: un peluche, cartas, postales, porcelana de los camarotes de primera y segunda clase, etc. En la primera planta hay un pequeño restaurante.
- 38-42 Great Victoria Street
- https://robinsonsbar.co.uk

Barrio de la Reina (Queen´s Quarter)

Parlour Bar
Un bar célebre entre los universitarios por su programa de animación y sus pizzas hechas en horno de leña. Precios económicos.
- 2-4 Elmwood Avenue, BT9 6AY.
- www.parlourbar.co.uk

Belfast Empire Music Hall
Bar emblemático de Belfast, en el que se puede beber y comer, y uno de los mejores en los que escuchar música en vivo. La clientela es variopinta, desde jóvenes estudiantes hasta oficinistas, pasando por locales, trabajadores de diferentes campos y turistas. En su escenario han tocado bandas como la islandesa Sigur Ros y la local Snow Patrol, desconocidas en aquel momento y hoy famosas.
- 42 Botanic Avenue, BT7.
- www.thebelfastempire.com

Barrio Titanic (Titanic Quarter)

Hickson´s Point
Bar que lleva por nombre el de la persona que vendió su pequeño astillero a Edward James Harland, quien acabaría fundando la naviera Harland & Wolff, la que construyó el Titanic. Este es un bar con espíritu de astillero, amenizado con música tradicional, en el que sirven comida y bebida local. Un colofón ideal a la visita al barri Titanic. Admite la entrada con perros.
- 1 Olympic Wy, Queens Road, BT3 9EP (junto al Experience Titanic).
- www.titanicbelfast.com

Zona Este

Horatio Todd's Bar & Restaurant
Pub que lleva por nombre el de un farmacéutico local muy popular en la zona. Algo que atestigua la decoración interior del sitio, en el que hay folletos farmacéuticos y frascos típicos de una botica. Sirven bebidas, cervezas, licores y cócteles, además de comidas. Platos sofisticados a partir de ingredientes locales. Se celebran actuaciones musicales en vivo.
- 406 Upper Newtownards Road, BT4 3EZ.
- www.horatiotodds.com

The Lamppost Café
Café inspirado en el mundo fantástico creado por CS Lewis, autor local de *Las crónicas de Narnia*. En el sitio se puede desayunar y almorzar.
- 19 Upper Newtownards Road, BT4 3HT.
- www.thelamppostcafe.com

Información Práctica

▌ Oficinas de Turismo

Turismo de Irlanda del Norte es la responsable del desarrollo turístico apoyando la industria del turismo para la promoción de Irlanda del Norte como destino turístico. **Turismo de Irlanda,** por otro lado, es la responsable de comercializar la isla de Irlanda entre los visitantes.

En la ciudad de Belfast se encuentra el **Centro de Bienvenida de Belfast.** Un espacio abierto todos los días del año para dar servicio a todas aquellas personas que visiten la ciudad y necesiten información de índole turística. Además, también es posible comprar billetes de tren y autobús de Translink, entradas para recorridos turísticos y espectáculos, reservar alojamiento, cuenta con tienda de regalos, wifi gratuito y consigna para dejar el equipaje.

✉ 9 Donegall Square North, BT1 5GB.
☎ (+44) (28) 9024 6609.
🕐 Todos los días.
🌐 https://visitbelfast. com/partners/visit-belfast-welcome-centre

Centro de Visitantes del Este de Belfast
Otro espacio con información turística de Belfast.

▌ Requisitos para el viaje

Desde que entró en vigor el Brexit a la hora de viajar al Reino Unido los pasajeros con nacionalidad española, y que su viaje sea de turismo y no superior a 90 días, deben hacerlo mostrando el pasaporte en vigor y no el DNI. Dicho pasaporte debe tener una vigencia mayor de seis meses antes de su caducidad.

▌ Cómo ir

En avión. Con Ryanair se puede volar al **aeropuerto Internacional de Belfast** desde Girona, Valencia, Alicante, Málaga, Palma de Mallorca y Lanzarote. La otra opción es volar a Dublín, con Aerlingus, Iberia e Iberia Express, entre otras compañías, y desde la capital irlandesa ir en autobús Belfast, a la Europa Buscentre. Los autobuses que realizan dicha ruta son los de la línea X1, operados por Bus Eireann y Translink. Salen desde el mismo aeropuerto de Dublín. El viaje dura alrededor de dos horas. Los hay que realizan el recorrido haciendo paradas y otros de manera directa. El precio del billete es desde 9 libras/10 euros, si se compra por adelantado vía Internet. Para más información en relación a los recorridos que realizan y los precios de los billetes (se pueden comprar en línea tres semanas antes del día del viaje) consultar la página web www.translink.co.uk

También desde Dublín se puede ir a Belfast en tren. Un servicio operado por Translink e Irish Rail, entre la dublinesa Estación de Connolly y la de Lanyon, antes conocida como Estación Central de Belfast. Lo mejor es comprar el billete en línea en la página web www. irishrail.ie, los hay a partir de 15 euros. Con el mismo billete de tren se puede ir de la Estación de Lanyon a la de Titanic Quarter, así como al centro de la ciudad. Una tercera opción desde Dublín es ir en coche de alquiler a Belfast. La autopista de peaje M1 comunica el aeropuerto de Dublín con la capital norirlandesa. Durante el recorrido la señalización cambia de kilómetros a millas, una vez cruzamos la frontera entre Irlanda e Irlanda del Norte, territorio que hace parte del Reino Unido. En la localidad norirlandesa de Newry la autopista pasa a denominarse A1. En la rotonda de Sprucefield (aproximadamente a 137 km del aeropuerto de Dublín), la A1 se une a la autopista M1 (señalizada como The North, Belfast).

En barco. A la ciudad de Belfast también se puede llegar en barco, desde Escocia (Cairnryan), Inglaterra (Liverpool) y la Isla de Man (Douglas), situada entre Irlanda e Inglaterra. Los ferris que operan estas rutas en una hora, más o menos, son los siguientes: *Stena Line* (www.stenaline.co.uk) desde Liverpool (Inglaterra) y Cairnryan (Escocia), *P&O Irish Sea* (www.poferries.com) desde Cairnryan (Escocia), y *Steam Packet Company (*www.steam-packet.com) desde Douglas, en la Isla de Man.

▮ Seguro de viaje y médico

A la hora de viajar a Belfast o cualquier otro lugar de Irlanda del Norte, se recomienda a los viajeros hacerlo con la tarjeta sanitaria europea. Tarjea que se puede solicitar a través de este enlace: https://www.segsocial.es/wps/portal/wss/internet/Trabajadores/PrestacionesPensionesTrabajadores/10938/11566/1761 En caso de necesidad, en Belfast, los farmacéuticos pueden, además de dispensar medicamentes, aconsejar sobre qué tomar o aplicar en relación a dolencias menores. En el Reino Unido es posible adquirir muchos medicamentos sin receta, sin embargo, es aconsejable que uno se lleve su propia medicación. Si se tiene derecho a las prestaciones de recetas de la NHS (siglas en inglés de National Health Service, Servicio Nacional de Salud), se le cobrará una tarifa estándar. En caso contrario, hay que abonar el precio completo del fármaco.

Por otro lado, no está demás contratar un seguro de viaje y médico que incluya coberturas en caso de que el vuelo se cancele, pérdida de equipaje, accidente y COVID-19, con cláusula de asunción de los gastos médicos en caso de presentar síntomas relacionados con la COVID-19, cancelación del viaje por culpa de la COVID-19, interrupción del viaje por causas relacionadas con la COVID-19, en el caso de tener que hacer una cuarentena por dar positivo la compañía asegurada cubre esa prolongación del viaje (x euros durante x días, según el seguro contratado) y, en caso de ser necesario, paga un billete de avión a un familiar o amigo del asegurado para que esté con él o ella. La mayoría de aseguradoras ofrecen la posibilidad de contratar un seguro de este tipo a través de internet, de manera rápida y sencilla. Estas son algunas de las compañías que recomendamos a nuestros lectores: Allianz Assistance, AXA, Europ Assistance, Mapfre, IATI, World Nomads, Holins, Chapka e Intermundial. Todos los seguros de estas compañías incluyen la cobertura COVID-19 y la anulación del seguro previa a la realización del viaje.

▮ Embajadas y consulados

Los españoles residentes y los turistas de la misma nacionalidad que vivan y viajen a Belfast, en caso de necesidad tienen que escribir un correo a la siguiente dirección cog.edimburgo.sec@maec.es e indicar nombre y apellidos, fecha de nacimiento y el trámite que se desea realizar. En ocasiones el cónsul se desplaza a Belfast desde Edimburgo, donde se encuentra el consulado español para asuntos de Irlanda del Norte, para realizar trámites relativos al pasaporte, notaría y registro.

Teléfonos de Emergencia

Policía: 101.
Emergencia: 999.
Este número contacta con la policía, los bomberos y ambulancias del Reino Unido.
National Health Service/Servicio Nacional de Salud (NHS): 111.
www.nhs.uk

Horarios comerciales

Comercios:
L-S: 9.30 h a 17.30 h.
Los centros comerciales suelen cerrar un poco más tarde.

Museos:
La mayoría abren todos los días a las 10 h a 17 h.

Cuándo ir

Depende de los intereses de los viajeros las fechas del viaje a Belfast serán unas u otras. En temporada alta; agosto, Navidad, Semana Santa y festivos, los billetes de avión y las noches de hotel son más caras, luego, es posible, que mucha gente opte por viajar en temporada baja, cuando los billetes de avión y las noches de hotel son algo más económicas. Por otro lado, la meteorología es otro factor a tener en cuenta a la hora de viajar a Belfast. Muchos meses son fríos, lluviosos y de días de poca luz, en cambio hay otros pocos en los que el clima mejora mucho y la ciudad parece otra. Independientemente de todo esto, durante todo el año en Belfast se organizan exposiciones, festivales, eventos deportivos, etc., que hacen que no falten excusas para visitar la ciudad.

Qué llevar

Una vez se ha decidido cuando se viaja a Belfast en la maleta se meterán unas u otras cosas. Lo que no debe faltar nunca es un adaptador de corriente, los medicamentos que se estén tomando, en el caso de estar medicado. Hay que tener presente que Belfast es una ciudad muy húmeda y fría. En los meses fríos y lluviosos hay que llevarse chubasquero, paraguas, camiseta térmica, gorro, guantes, calzado cómodo y repelente al agua.

Moneda

En Reino Unido, además de tener que enseñar el pasaporte para poder entrar, la moneda que circula es la libra esterlina (GBP). 1 libra (£) equivale a 1,20 €, aproximadamente, en el momento de realizar esta guía (finales del 2023 y a principios de 2024). 1 libra se divide en 100 peniques. Lo mejor es cambiar los euros por libras en España. Se puede hacer tanto en bancos como en oficinas de cambio del aeropuerto desde el que se vuele. La segunda opción es más cara que la primera. Una vez en Reino Unido se puede cambiar euros por libras en bancos, agencias de viaje, oficinas de correos, en los aeropuertos, en este caso en el de Dublín o en el de Belfast y en las estaciones de tren. También se puede pagar con tarjeta de crédito y débito y sacar dinero de los cajeros automáticos. Antes de hacerlo es recomendable saber cuánto cobra nuestro banco de comisión por dicha operación.

Corriente/electricidad

En la maleta no puede faltar uno o varios adaptadores de corriente para los diferentes aparatos (secador, planchas del pelo y máquina de afeitar) y dispositivos electrónicos que llevemos (teléfono móvil y ordenador). En Belfast, ciudad que hace parte del Reino Unido, la tensión eléctrica es de 220/240 CA, 50 Hz y los enchufes eléctricos tienen tres clavijas rectangulares y fusibles de 3, 5 o 13 amperios. Algunos alojamientos cuentan con tomas de corriente para enchufes de tipo europeo.

▌ Pesos y medidas
La distancia en carretera se mide en millas (1 milla son 1.609 kilómetros), el peso en libras (1 libra son 454 gramos), los litros en galones y pintas (1 galón son 4,6 litros y 1 pinta 0,6 litros) y la altura en pies (1 pie son 30 centímetros). De manera sarcástica se dice que en Belfast todo está a tiro de piedra.

▌ Hora
Durante los meses de invierno Reino Unido mantiene el horario de Greenwich (UTC), una hora por detrás de la hora central europea (CET). Entre finales de marzo y de octubre, para el horario de verano, el reloj se adelanta una hora (BST). Es decir, en Belfast es la misma hora que en las islas Canarias, una menos respecto al resto de la península Ibérica.

▌ Telefonía móvil
Si el teléfono móvil con el que se viaja a Belfast está asociado a un número de teléfono de una operadora telefónica española se puede hacer uso del mismo en Reino Unido. La tarifa que se aplica es la misma que se tiene contratada en el país de origen.

DURANTE LA ESTANCIA

▌ Transporte desde el aeropuerto/estación
En Belfast hay dos aeropuertos: el **Aeropuerto de la Ciudad de Belfast George Best,** al este y a menos de 10 km de distancia del centro de la ciudad, y el **Internacional,** al norte y a unos 30 km de distancia. En el primero aterrizan los vuelos regionales de las aerolíneas Aerlingus, British Airways, Flybe, Easy Jet, Eastern Airways y KLM. Para ir al centro de la ciudad desde dicho aeropuerto se puede ir en taxi o en el **autobús Express 600 de Translink.** En el aeropuerto Internacional aterrizan los aviones de las aerolíneas EasyJet, Ryanair, Jet2, Virgin Atlantic, TUI y Wizz. Para ir al centro de la ciudad desde dicho aeropuerto se puede ir en taxi o en el **autobús Express 300 de Translink.** Los billetes de ambos autobuses, los exprés 600 y 300, se pueden pagar en efectivo a

▌ ¿Sabías qué...?
Reino Unido incluye a Inglaterra, Escocia, Gales e Irlanda del Norte, territorio del que Belfast es su capital.

El 31 de diciembre de 2020 acabó el periodo de transición en el paulatino abandono de la Unión Europea por parte de Gran Bretaña e Irlanda del Norte. Esto implica que, entre otras cosas mucho más complejas, que desde el 1 de enero de 2021 existe una nueva normativa que cumplir a la hora de viajar a Gran Bretaña e Irlanda del Norte desde el extranjero, incluido España. Es decir, todas aquellas personas con nacionalidad española que viajan a este lugar tienen que hacerlo con su pasaporte en regla, ya no vale con enseñar el DNI. Lo mismo pasa para aquellas personas que deseen ir a Gran Bretaña e Irlanda del Norte a vivir, a estudiar y/o trabajar.

▌ Accesibilidad

Atracciones turísticas

🌐 www.accessable.co.uk/organisations/belfast-city-council#venues

Esta web indica los lugares accesibles (baños públicos incluidos) para personas con movilidad reducida que hay habilitados en Belfast.

Centros comerciales

Los centros Castle Court y Victoria Square cuentan con instalaciones *Changing Places* con baños accesibles para personas con discapacidades.

Medios de transporte

Translink, el principal proveedor de transporte público de Irlanda del Norte, ofrece una guía en la cual se indica cómo utilizar sus servicios en el caso de padecer algún tipo de discapacidad o si le resulta difícil el acceso a dichos medios de transporte.

🌐 www.translink.co.uk/usingtranslink/accessibility/accessibilityguide

Muchos taxis de la flota Value Cabs están provistos de accesos y espacios para meter una silla de ruedas. Hay que solicitarlo con antelación. Otra opción para moverse por la ciudad si se padece algún tipo de discapacidad es alquilar una silla de ruedas, servicio que ofrece la empresa Shop Mobility Belfast (www.shopmobilityni.org).

bordo de los mismos o comprarlos en las máquinas que hay en los aeropuertos o vía Internet. Para más información consultar la siguiente página web www.translink.co.uk.

Si se viaja a Belfast en tren desde Dublín se llega a la **estación de Lanyon**. Desde la misma se puede ir, con el mismo billete, a la **estación de Titanic Quarter** y al centro de la ciudad. En el caso de llegar a Belfast en autobús, procedente de Dublín, se llega a la **estación Europa,** situada en el centro de la ciudad, donde se concentran la mayoría de hoteles de Belfast.

▌ Transporte urbano

El uso de transporte público ahorra tiempo, dinero y evita las congestiones de tráfico a la hora de movernos por la ciudad de Belfast. En el centro de la ciudad se concentran los principales lugares de interés turísticos, sin embargo, hay otros que están fuera del mismo y para llegar hasta ellos es necesario hacerlo en autobús o en taxis.

Translink es el principal operador de transporte público, en el mismo se incluye *Metro, Glider* (la G1 hace la ruta de este a oeste de Belfast y la G2 cubre el barrio Titanic), *Ulsterbus, Goldliner* y *NI Railways* en Irlanda del Norte. Todos ellos configuran una red integral de autobuses y trenes que recorren toda Irlanda del Norte y rutas transfronterizas hacia la República de Irlanda. Los autobuses de Ulsterbus realizan diferentes rutas que comunican ciudades y pueblos a lo largo de todo el país. Los autocares de Goldliner operan en toda Irlanda del Norte, además de rutas transfronterizas. Para más información, consultar la página web www.translink.co.uk/Special-Offers.

Para algunos desplazamientos el **taxi** es el medio de transporte más conveniente. *Value Cabs* es el servicio con la mayor flota de taxis de Belfast. Se puede contratar por teléfono llamando al +28 9080 9080 y/o a través de su aplicación móvil.

▌ Cómo ahorrar

La mejor manera de ahorrar unas libras en un viaje a Belfast es comprando la **Visitor Pass**. Una tarjeta válida durante uno, dos o tres días, que incluye viajes ilimitados en todos los servicios de transporte público de las compañías Metro, NIRailways, Ulsterbus y Glider. También dicha tarjeta permite disfrutar de ofertas y descuentos en atracciones y recorridos turísticos, así como en restaurantes, cafeterías y tiendas. La Visitor Pass se puede comprar en línea y/o en el Centro de Bienvenida de Visit Belfast, en los mostradores de información turística del aeropuerto de Belfast o en cualquier estación de Translink de Belfast. Esta tarjeta no sirve para usar el autobús express 300 que comunica el aeropuerto Internacional de Belfast con el centro de la ciudad y al revés. La Visitor Pass de un día cuesta 7 €, la de dos 14 € y la de tres 17 €.

Antes de viajar a Belfast es posible ahorrar algo de dinero si el viaje se hace fuera de la temporada alta. En caso de no poder hacerlo, es conveniente hacer la reserva del vuelo y del alojamiento lo antes posible.

▐ Seguridad

En general Belfast es una ciudad segura, al menos, esa es la sensación que tiene uno mientras pasea por sus calles. Hay zonas, algunas de las menos turísticas, en las que a lo mejor hay más riesgo de sufrir algún tipo de percance, tipo robo y/o atraco. En las zonas de ocio, en los alrededores de los bares, puede haber altercados fruto de la ebriedad de algunas personas, a las que se les ha ido la mano con las cervezas. En caso de necesidad, si se ha perdido algo, en las estaciones de autobús, tren y aeropuertos, se puede acudir a las respectivas oficinas de objetos perdidos. Si se ha sufrido un robo y/o atraco, se puede comunicar a la policía en la comisaría más cercana. La denuncia que se presente es clave para luego reclamar al seguro, quien pedirá una copia de dicha denuncia. De ahí otro de los motivos importantes por los que es recomendable viajar con seguro.

CALENDARIO DE FIESTAS

1 de enero: Año Nuevo.

17 de marzo (San Patricio). Desde el siglo XVII se celebra el 17 de marzo el Día de San Patricio para conmemorar la muerte en el siglo V del escocés Maewy Succat. Un misionero y evangelizador en una isla de Irlanda que por aquel entonces era pagana, y que acabó convirtiéndose en el patrón de Irlanda. La fiesta de San Patricio hoy es un evento internacional, muy celebrado en aquellos lugares en los que hay una gran comunidad de irlandeses.

Easter/Pascua. Durante esta celebración se organizan diferentes actividades y espectáculos para toda la familia.

Primer lunes de mayo (día festivo de primavera). En los días festivos cierran todos los bancos. Las tien-

▐ Turismo Irlanda del Norte y de Belfast en redes

- 📷 Discover Northern Ireland https://discovernorthernireland.com/
- 📷 Visit Belfast https://visitbelfast.com/
- 📷 Visit Ards and North Down www.visitardsandnorthdown.com/
- 📷 Visit Mourne Mountains www.visitmourne-mountains.co.uk/explore/the-mournes-aonb
- 📷 Instagram: @VisitBelfast
- 📷 Twitter: @DiscoverNI
- 📷 Twitter: @NITouristBoard
- 📷 Twitter: @VisitMourne
- 📷 Instagram: @VisitArdsandNorthDown

▐ Prensa

Los dos periódicos que informan a los ciudadanos de Belfast y el resto de Irlanda del Norte son el **Belfast Telegraph** (www.belfasttelegraph.co.uk) y el **News Letter and Irish News** (www.newsletter.co.uk).

das y los pubs de las zonas urbanas suelen permanecer abiertos, pero todo está más tranquilo en las localidades pequeñas. El transporte público funciona con horarios restringidos o de domingo. Todo depende del lugar donde te encuentres, por lo que te recomendamos comprobarlo con antelación.

Último lunes de mayo: día festivo de primavera.

12 de julio. Conmemoración de la batalla de Boyne (Orangemen´s Day). Se festeja la victoria del rey protestante Guillermo de Orange sobre el rey Jaime II en la Batalla del Boyne. Las calles se adornan con banderas británicas y la gente sale a la calle para recibir los desfiles de la celebración.

Último lunes de agosto: día festivo de verano.

25 de diciembre (Navidad). El mercado de Navidad de Belfast tiene fama de ser de los más bonitos de la Isla Esmeralda. Emplazado frente al ayuntamiento.

26 de diciembre. Día de San Esteban (Boxing day). Festivo desde 1871 aunque su origen se remonta mucho más atrás. Se basa en la tradición de donar regalos o dinero a los más necesitados. Hoy en día, además del aspecto caritativo, existe la tradición de que los empleados reciban una caja de Navidad de sus jefes.

Índice de lugares

ÍNDICE DE MAPAS Y PLANOS

SIGNOS CONVENCIONALES EN LOS PLANOS

Grandes arterias

Edificios de interés turístico

Otros edificios

Parques y jardines

Cementerio cristiano

Ferrocarril

Información